Os usos sociais da ciência

FUNDAÇÃO EDITORA DA UNESP

Presidente do Conselho Curador
Mário Sérgio Vasconcelos

Diretor-Presidente
Jézio Hernani Bomfim Gutierre

Superintendente Administrativo e Financeiro
William de Souza Agostinho

Conselho Editorial Acadêmico
Danilo Rothberg
João Luís Cardoso Tápias Ceccantini
Luis Fernando Ayerbe
Marcelo Takeshi Yamashita
Maria Cristina Pereira Lima
Milton Terumitsu Sogabe
Newton La Scala Júnior
Pedro Angelo Pagni
Renata Junqueira de Souza
Rosa Maria Feiteiro Cavalari

Editores-Adjuntos
Anderson Nobara
Leandro Rodrigues

Pierre Bourdieu

Os usos sociais da ciência
Por uma sociologia clínica
do campo científico

Texto revisto pelo autor com a colaboração de
Patrick Champagne e Etienne Landais

Conferência e debate organizados pelo grupo *Sciences
en Questions*, Paris, INRA, 11 de março de 1997

Tradução
Denice Barbara Catani

© 1997 Institut National de la Recherche Agronomique (INRA)
Título original em francês: *Les usages sociaux de la science.
Pour une sociologie clinique du champ scientifique*

© 2003 da tradução brasileira:
Fundação Editora da UNESP (FEU)
Praça da Sé, 108
01001-900 – São Paulo – SP
Tel.: (0xx11) 3242-7171
Fax: (0xx11) 3242-7172
www.editoraunesp.com.br
www.livrariaunesp.com.br
feu@editora.unesp.br

CIP-Brasil. Catalogação na fonte
Sindicato Nacional dos Editores de Livros, RJ

B778u
Bourdieu, Pierre, 1930-2002
   Os usos sociais da ciência: por uma sociologia clínica do campo científico / Pierre Bourdieu; texto revisto pelo autor com a colaboração de Patrick Champagne e Etienne Landais; tradução Denice Barbara Catani. – São Paulo: Editora UNESP, 2004.
   Tradução de: Les usages sociaux de la science: por une sociologie du champ scientifique
   "Conferência e debate organizados pelo grupo Sciences en Questions, Paris, INRA, 11 de março de 1997"

   Inclui bibliografia
   ISBN 85-7139-530-6

   1. Ciência – Aspectos sociais. I. Título.

04-1083.   CDD 306.45
                                                 CDU 316.74:5

Editora afiliada:

Asociación de Editoriales Universitarias
de América Latina y el Caribe

Associação Brasileira de
Editoras Universitárias

Sumário

Prefácio – *Patrick Champagne* 7

Os usos sociais da ciência – Por uma sociologia clínica do campo científico 17

    Introdução 17
    Os campos como microcosmos relativamente autônomos 18
    As propriedades específicas dos campos científicos 30
    As duas espécies de capital científico 35
    O espaço dos pontos de vista 43
    A situação particular do INRA 48
    Ir além das aparências e das falsas antinomias 53
    Algumas proposições normativas 59
    Uma conversão coletiva 65

Discussão 71

Prefácio

O grupo *Sciences en Questions* pediu-me que apresentasse brevemente Pierre Bourdieu antes de sua intervenção entre os pesquisadores do Institut National de la Recherche Agronomique – Paris (INRA). A tarefa não é fácil para mim, pelas relações de trabalho que mantenho com Pierre Bourdieu há muito tempo – quase trinta anos –, e fico tentado a sair dessa dizendo que Pierre Bourdieu é daquelas personalidades tão conhecidas que não precisam mais ser apresentadas.

Poderia ter ficado nisso se, estimulado pela dificuldade, não tivesse tentado levar a sério o pedido que me foi feito. E como apresentar, efetivamente, uma obra tão importante e densa como a de Pierre Bourdieu, que estudou quase tudo: os camponeses, os artistas, a escola, os clérigos, os patrões, as classes populares etc., e que abarcou tantas disciplinas: a etnologia, a sociologia, a filosofia, a sociolinguística, a economia, a história etc.? Como dar conta de uma obra que se constituiu ao longo de centenas de pesquisas conduzidas diretamente ou orientadas, ou simplesmente lidas e assimiladas durante praticamente quarenta anos?

Diante da impossibilidade de resumir em cinco minutos a obra de toda uma vida, porque não estamos na televisão, optei por limitar-me ao menos discutível e talvez ao mais fácil, fornecendo apenas algumas referências biográficas e bibliográficas.

Pierre Bourdieu, o senhor poderia ter sido convidado para vir aqui por causa de seus trabalhos acerca do mundo rural. Saindo da Escola Normal Superior que, no seu caso, se bem entendo, não foi uma experiência totalmente encantada, o senhor começou, de fato, sua carreira trabalhando sobre a crise do mundo camponês, tanto na Argélia, onde, durante o seu serviço militar, fez seus primeiros contatos intelectuais, quanto na pequena cidade do Béarn, na qual o senhor nasceu em 1930. Sua obra então começa pelos trabalhos acerca do mundo rural. O senhor publicou, em colaboração com Abdel Malek Sayad *Le déracinement* [*O desenraizamento*],[1] uma obra sobre a crise da agricultura tradicional na Argélia, à qual foi preciso acrescentar *Algérie 60* [*Argélia 60*],[2] que foi publicada um pouco mais tarde e na qual o senhor analisa o encontro da sociedade camponesa argelina tradicional com o espírito do capitalismo. Em 1962, na nova revista da École des Hautes Études en Sciences Sociales, *Études Rurales*, o senhor publicou um longo artigo intitulado "Célibat et condition paysanne" ["Celibato e condição

---

1 Bourdieu, P., Sayad, A. *Le déracinement, la crise de l'agriculture traditionnelle en Algérie*. Paris: Minuit, 1964.
2 Bourdieu, P. *Algérie 60, structures économiques et structures temporelles*. Paris: Minuit, 1977.

camponesa"],³ no qual mostra que a crise do campesinato não encontra sua explicação apenas no capitalismo agrário, mas também nos mecanismos muito mais sutis que se relacionam com a própria reprodução e, inclusive, com a reprodução biológica dos indivíduos.

Se hoje, no entanto, o senhor é aqui convidado, paradoxalmente não o é por causa desses trabalhos rurais, mas sobretudo em razão dos trabalhos que têm marcado a sequência de sua carreira e que forneceram o material dos livros mais conhecidos ou mais exatamente de livros cujos títulos são mais conhecidos. Não sei realmente se isso resulta de um agudo sentido do *marketing* editorial, mas é possível resumir toda sua obra a partir da escolha judiciosa dos títulos de suas publicações. O senhor, entretanto, começou mal, uma vez que seu primeiro livro, publicado em 1958 na coleção *Que sais-je?*, intitulava-se banalmente *Sociologie de l'Algérie* [*Sociologia da Argélia*],⁴ que surgiu alguns anos mais tarde com um título bastante descritivo: *Travail et travailleurs en Algérie* [*Trabalho e trabalhadores na Argélia*].⁵ Essas primeiras pesquisas permitiram, no entanto, que o senhor desenvolvesse um conceito destinado a um grande futuro em seus trabalhos posteriores, refiro-me ao conceito de *habitus*.

Ao voltar para a França, após uma breve passagem pela Universidade como *maître de conférences*, o senhor foi eleito pela École des Hautes Études como orientador

---

3 Bourdieu, P. Célibat et condition paysanne. *Études Rurales*, n.5-6, p.32-136, avr.-sept. 1962.
4 Bourdieu, P. *Sociologie de l'Algérie*. Paris: PUF, 1958. (Coll. Que Sais-je?, 802).
5 Bourdieu, P. et al. *Travail et travailleurs en Algérie*. Paris: La Haye, Mouton, 1963.

de pesquisas. Trabalhou, nessa época, no Centre de Sociologie Européenne, que havia sido criado com o beneplácito de Raymond Aron e que se dedica principalmente à análise do sistema de ensino. Em 1964, o senhor publicou um primeiro balanço das pesquisas que concebeu e orientou, num livro *Les héritiers* [*Os herdeiros*],[6] com o subtítulo "Os estudantes e a cultura". Essa obra, escrita com Jean-Claude Passeron, será a primeira de uma longa série de sucessos. O senhor colocou em evidência o papel do capital cultural na seleção escolar. Publicou, a seguir, em 1966, *Amor pela arte*,[7] no qual, a partir de uma série de investigações sobre a frequência aos museus, foi aprofundada essa noção de capital cultural e analisadas mais genericamente as funções sociais das práticas culturais. Em 1968, fundou seu próprio laboratório: o Centre de Sociologie de l'Education et de la Culture, que ainda existe e com o qual trabalha em estreita relação, ainda que o senhor esteja no Collège de France desde 1981.

Em 1970, um novo livro com título bem escolhido, *A reprodução*[8] subintitulado "Elementos para uma teoria do sistema de ensino". Foi um novo sucesso, mas também o começo dos primeiros mal-entendidos com os que se detêm apenas nos títulos das suas obras e

---

6 Bourdieu, P., Passesron, J. C. *Les héritiers, les étudiants et la culture*. Paris: Minuit, 1964.

7 Bourdieu, P. et al. *L'amour de l'art, les musées d'art et leur public*. Paris: Minuit, 1966 [ed. bras.: *Amor pela arte. Os museus de arte na Europa e seu público*. São Paulo: Edusp, 2003].

8 Bourdieu, P., Passeron, J. C. *La reproduction. Eléments pour une théorie du système d'enseignement*. Paris: Minuit, 1970 [ed. bras.: *Reprodução: elementos para uma teoria do sistema de ensino*. Rio de Janeiro: Francisco Alves, 1975].

que pensaram que esse livro demonstrava que a escola só reproduzia a estrutura social, enquanto o livro, para o senhor, é muito mais – parece-me – pretexto para desenvolver um novo sistema conceitual, apoiado principalmente sobre uma noção que teria, ela própria, muito futuro: a noção de violência simbólica.

Ao longo dos anos 70, o senhor trabalhou numa vasta pesquisa sobre os processos de diferenciação social, verdadeira contribuição a uma teoria geral das classes sociais publicada em 1979 numa obra intitulada *La distinction* [*A distinção*].[9] O subtítulo "Crítica social do julgamento" explicitava melhor sua verdadeira ambição, que era a de construir, numa perspectiva neokantiana, uma teoria sociológica das categorias que organizam a percepção do mundo social e que por isso contribuem para produzi-lo. A publicação dessa obra ensejou o convite de Bernard Pivot para o senhor ir à televisão, e, depois disso, ele imaginou que o seu sucesso e até a própria eleição dois anos mais tarde para o Collège de France lhe devem muito. Um ano mais tarde, uma outra obra, *Le sens pratique* [*O senso prático*],[10] vem completar essa construção. Nela, o senhor propõe uma teoria do conhecimento sociológico, esforçando-se por situar sua sociologia com relação à corrente objetivista simbolizada, na etnologia, por Lévi-Strauss e com relação às correntes subjetivistas representadas pela fenomenologia sartriana.

A partir de 1975, o senhor retoma seus trabalhos sobre o sistema de ensino, ampliando-os para a constituição dos campos de produção erudita – artes, ciên-

---

9 Bourdieu, P. *La distinction. Critique sociale du jugement.* Paris: Minuit, 1979.
10 Bourdieu, P. *Le sens pratique.* Paris: Minuit, 1980.

cias etc. –, e deparamos aí com nosso objeto de hoje. Desde 1971 em "Le marché des biens symboliques" ["O mercado dos bens simbólicos"], um artigo publicado em *L'Année Sociologique*,[11] o senhor lançou as bases de algumas análises posteriores nesse campo, distinguindo o que chamou o "campo da produção em sentido estrito", espaço de produção erudita, no qual os produtores têm por público, essencialmente, os outros produtores, isto é, seus concorrentes diretos (o senhor pensava, então, sobretudo no campo artístico), do "campo da grande produção cultural" (o jornalismo ou as indústrias culturais, por exemplo, que se dirigem a um grande público).

Rapidamente, porém, nessa esteira o senhor estudou esse campo de produção restrito e particular que é o campo científico e, em 1975, publicou um artigo fundador "La spécificité du champ scientifique et les conditions sociales du progrés de la raison" ["A especificidade no campo científico e as condições sociais do progresso da razão"], no qual o senhor rompe com a tradição dominante da sociologia da ciência e sua visão conciliadora da "comunidade científica", introduzindo, especialmente, os conceitos de campo científico e de capital científico; tudo isso mostrando que a lógica desse mercado – no qual, no limite, pode-se, como nas matemáticas avançadas, ter por clientes apenas os seus piores concorrentes – é favorável ao progresso da razão.[12] Em 1984,

---

11 Bourdieu, P. Le marché des biens symboliques. *L'Année Sociologique*, 3ª série, v.22, p.49-126, 1971.
12 Bourdieu, P. La spécificité du champ scientifique et les conditions sociales du progrès de la raison. *Sociologie et Sociétés*, v.VII, n.1, p.91-118, mai 1975; e também: Le champ scientifique. *Actes de la Recherche en Sciences Sociales*, n.2-3, p.88-104, juin 1976.

o senhor publicou *Homo academicus*,[13] uma obra sobre o corpo docente e, mais genericamente, sobre a instituição universitária, sobre o academicismo, sobre as lutas entre as disciplinas, sobre a perspectiva escolástica, sobre a crise de Maio de 68 etc. Em 1989, novo livro, novo título e novo sucesso com *La noblesse d'Etat* [*A nobreza do Estado*], subintitulado "Grandes escolas e corporativismo", entendido como um ataque contra a ENA[14] e as Grandes Escolas, principalmente por aqueles que saem dessas escolas do poder, quando se trata de uma análise dessa instituição muito singular que é o Estado.

Em 1992, o senhor publicou *As regras da arte*,[15] com o subtítulo: "Gênese e estrutura do campo literário", no qual propôs uma teoria geral dos campos e refletiu sobre o que é uma revolução simbólica. Esse livro trata também do problema da função social dos intelectuais. O senhor decidiu, ao mesmo tempo, dar um novo golpe editorial que consistiu em produzir um livro grande, para que os jornalistas não o lessem, mas com um bom título para que mesmo assim falassem dele. Para esse empreendimento reuniu em torno de si uma equipe de sociólogos, da qual eu mesmo fiz parte, para produzir essa soma de quase mil páginas dedicadas ao livro *A miséria do mundo*.[16] Lançada em 1993, essa obra tenta, à sua maneira, tornar acessível,

---

13 Bourdieu, P. *Homo academicus*. Paris: Minuit, 1984.
14 ENA – École Nationale d'Administration (Escola Nacional de Administração). (N. T.)
15 Bourdieu, P. *Les regles de l'art – genèse et structure du champ littéraire*. Paris: Seuil, 1992 [ed. bras.: *As regras da arte*. 2.ed. São Paulo: Cia. das Letras, 2002].
16 Bourdieu, P. *La misère du monde*. Paris: Seuil, 1993 [ed. bras.: *A miséria do mundo*. 5.ed. Petrópolis: Vozes, 2003].

para além do círculo de profissionais, as análises mais avançadas da sociologia. Alguns meses mais tarde, o senhor recebeu, pelo conjunto de sua obra, a Médaille d'Or du CNRS,[17] distinção pela primeira vez atribuída a um sociólogo.

Mais recentemente, o senhor reincidiu, invertendo sua estratégia editorial, pois fez um livro bem pequeno, para que os jornalistas o lessem, mas sobre um tema do qual não podem falar. É *Sobre a televisão*.[18] A julgar pelas reações que então suscitou, pode-se pensar que mais uma vez mirou corretamente. Mas, dessa vez, o que os jornalistas leram mal foi o próprio título, pois muitos deles acreditaram estar lendo *Contre la télévision* [*Contra a televisão*], enquanto sua proposta – e estou bem à vontade para dizer – consistia sobretudo numa interrogação sobre a possível contribuição das ciências sociais a uma melhor orientação dessa tecnologia socialmente invasiva que exerce uma influência crescente sobre alguns universos, entre os quais o nosso.

Ficarei por aqui nesse breve panorama que dá apenas uma imagem muito incompleta de sua produção científica. De fato, seria necessário evocar ainda outros títulos, entre os quais *O ofício de sociólogo*,[19] que foi o breviário de toda uma geração de pesquisadores desde os anos 70, a revista *Actes de la Recherche en Sciences Sociales* que o senhor criou em 1975 e sempre dirigiu

---

17 CNRS – Centre National de la Recherche Scientifique (Centro Nacional da Pesquisa Científica). (N. T.)
18 Bourdieu, P. *Sur la télévision*. Paris: Liber-Raisons d'Agir, 1996 [ed. bras.: *Sobre a televisão*. Seguido de *A influência do jornalismo e jogos*. Rio de Janeiro: Jorge Zahar, 1997].
19 Bourdieu, P. et al. *Le métier de sociologue*. Paris: Mouton-Bordas, 1968 [ed. bras.: *O ofício de sociólogo*. 4.ed. Petrópolis: Vozes, 2004].

e que conta com grande notoriedade nacional e internacional. Seria preciso citar também diversas obras nas quais foram reproduzidas várias conferências que deu sobre o seu trabalho: *Questões de sociologia*,[20] *Coisas ditas*,[21] *Réponses* [*Respostas*],[22] *Razões práticas*,[23] estudos que constituem a melhor introdução a uma obra que, por vezes, é de difícil acesso para não especialistas.

Vou passar-lhe a palavra, não sem antes fazer uma última observação: a presente conferência, intitulada "Os usos sociais da ciência", tem, como o senhor deve ter notado, um título relativamente banal. A explicação é simples: esse título não é seu, mas nosso. Não há dúvida de que, no momento de editar esta conferência, o senhor nos ajudará a encontrar um bom subtítulo!

Patrick Champagne
Diretor de Pesquisas do INRA

---

20 Bourdieu, P. *Questions de sociologie*. Paris: Minuit, 1980. [ed. bras.: *Questões de sociologia*. Rio de Janeiro: Marco Zero, 1983].
21 Bourdieu, P. *Choses dites*. Paris: Minuit, 1987 [ed. bras.: *Coisas ditas*. São Paulo: Brasiliense, 1990].
22 Bourdieu, P., Wacquant, L. *Réponses. Pour une anthropologie réflexive*. Paris: Seuil, 1992.
23 Bourdieu, P. *Raisons pratiques. Sur la théorie de l'action*. Paris: Seuil, 1994 [ed. bras.: *Razões práticas*. Sobre a teoria da ação. Campinas: Papirus, 1996].

Os usos sociais da ciência
Por uma sociologia clínica do campo científico

Introdução

Agradeço a Patrick Champagne. Fiquei sensibilizado com a apresentação que ele fez, porque ela fornece – o que não é frequente – uma ideia bastante completa e bastante justa do meu trabalho. Isso facilitará minha tarefa de hoje.

Estou feliz por incluir-me nessa série de conferências, porque sua organização parece-me uma maneira bastante exemplar, para uma instituição científica, de empreender uma reflexão coletiva sobre si própria. Quero contribuir para essa reflexão sugerindo algumas questões sobre o que é a lógica própria do mundo científico e sobre a forma particular que essa lógica assume no caso do INRA, com a esperança de desencadear um processo de *autoanálise coletiva*. Penso que estamos, hoje, em condições de conceber novas formas de reflexão. Trata-se, para tanto, de mobilizar um coletivo, em torno de interrogações relativamente elaboradas, em condições tais que se possa produzir uma verdade sobre si próprio que, certamente, ele é o único capaz de produzir. Condições que, devo dizer, não me parecem ser cumpridas nas formas mais comuns de organização coletiva da reflexão, quer se trate de sindicatos quer de organizações profissionais quer de comissões, como o INRA sabe bem, encarregados de propor transformações ou reformas mais ou menos profundas. Não creio que basta reunir um grupo para produzir a reflexão científica, mas acredito que, com a condição de instaurar uma tal estrutura de troca que traga em si mesma o princípio de sua própria regulação, podem-se instaurar formas de reflexão que hoje não têm lugar e que podem ir além de todas as especulações de especialistas (sobretudo em "cientometria") e de todas as recomendações de comitês e de comissões. Desejo contribuir para fazer existir em sua instituição um tal lugar – a ser inventado – tentando, muito modestamente, submeter a um exame crítico tão radical quanto possível as representações endógenas ou exógenas, eruditas ou espontâneas, das quais o INRA tem sido objeto, e sobretudo fornecer os instrumentos de conhecimento que me pareçam indispensáveis à construção de uma representação verdadeira, portanto útil para a ação.

Os campos como microcosmos relativamente autônomos

Quais são os usos sociais da ciência? É possível fazer uma ciência da ciência, uma ciência social da produção da ciência, capaz de descrever e de orientar os usos sociais da ciência? Para ter condições de responder a essas questões, devo começar por lembrar algumas noções, como condições para uma reflexão combativa, e em particular a noção de *campo*, da qual evocarei rapidamente a gênese.

Todas as produções culturais, a filosofia, a história, a ciência, a arte, a literatura etc., são objetos de análises com pretensões científicas. Há uma história da literatura, uma história da filosofia, uma história das ciências etc., e em todos esses campos encontra-se a mesma oposição, o mesmo antagonismo, frequentemente considerados como irredutíveis – sendo o domínio da arte, certamente, um dos lugares onde essa oposição é mais forte – entre as interpretações que podem ser chamadas internalistas ou internas e aquelas que se podem chamar de externalistas ou externas. *Grosso modo*, há, de um lado, os que sustentam que, para compreender a literatura ou a filosofia, basta ler os textos. Para os defensores desse fetichismo do texto autonomizado que floresceu na França com a semiologia e que refloresce hoje em todos os lugares do mundo com o que se chama de pós-modernismo, o texto é o alfa e o ômega e nada mais há para ser conhecido, quer se trate de um texto filosófico, de um código jurídico ou de um poema, a não ser a letra do texto. Esquematizo um pouco, mas bem pouco.

Em oposição, uma outra tradição, frequentemente representada por pessoas que se filiam ao marxismo, quer relacionar o texto ao contexto e propõe-se a interpretar as obras colocando-as em relação com o mundo social ou o mundo econômico. Há toda sorte de exemplos dessa oposição, e remeto os interessados ao meu livro *Les règles de l'art* [*As regras da arte*], no qual evoco de modo mais preciso as diferentes correntes e referências bibliográficas de apoio.

Ao se tratar da ciência, encontram-se as mesmas oposições, com uma tradição de história da ciência que é, aliás, bastante próxima da história da filosofia. Essa tradição, notoriamente representada na França, descreve o processo de perpetuação da ciência como uma espécie de partenogênese, a ciência engendrando-se a si própria, fora de qualquer intervenção do mundo social.

É para escapar a essa alternativa que elaborei a noção de campo. É uma ideia extremamente simples, cuja função negativa é bastante evidente. Digo que para compreender uma produção cultural (literatura, ciência etc.) não basta referir-se ao conteúdo textual dessa produção, tampouco referir-se ao contexto social contentando-se em estabelecer uma relação direta entre o texto e o contexto. O que chamo de "erro do curto-circuito", erro que consiste em relacionar uma obra musical ou um poema simbolista com as greves de Fourmies ou as manifestações de Anzim, como fazem certos historiadores da arte ou da literatura. Minha hipótese consiste em supor que, entre esses dois polos, muito distanciados, entre os quais se supõe, um pouco imprudentemente, que a ligação possa se fazer, existe um universo intermediário que chamo o *campo literário, artístico, jurídico* ou *científico*, isto é, o universo no qual estão inseridos os agentes e as instituições que produzem, reproduzem ou difundem a arte, a literatura ou a ciência. Esse universo é um mundo social como os outros, mas que obedece a leis sociais mais ou menos específicas.

A noção de campo está aí para designar esse espaço relativamente autônomo, esse microcosmo dotado de suas leis próprias. Se, como o macrocosmo, ele é submetido a leis sociais, essas não são as mesmas. Se jamais escapa às imposições do macrocosmo, ele dispõe, com relação a este, de uma autonomia parcial mais ou menos acentuada. E uma das grandes questões que surgirão a propósito dos campos (ou dos subcampos) científicos será precisamente acerca do grau de autonomia que eles usufruem. Uma das diferenças relativamente simples, mas nem sempre fácil de medir, de quantificar, entre os diferentes campos científicos, isso que se chamam as disciplinas, estará, de fato, em seu grau de autonomia. A mesma coisa entre as instituições. Poder-se-á perguntar, por exemplo, se o CNRS é mais autônomo do que o INRA e o INRA mais autônomo do que o INSEE[1] etc. Um dos problemas conexos será, evidentemente, o de saber qual é a natureza das pressões externas, a forma sob a qual elas se exercem, créditos, ordens, instruções, contratos, e sob quais formas se manifestam as resistências que caracterizam a autonomia, isto é, quais são os mecanismos que o microcosmo aciona para se libertar dessas imposições externas e ter condições de reconhecer apenas suas próprias determinações internas.

Em outras palavras, é preciso escapar à alternativa da "ciência pura", totalmente livre de qualquer necessidade social, e da "ciência escrava", sujeita a todas as demandas político-econômicas. O campo científico é um mundo social e, como tal, faz imposições, solicitações etc., que são, no entanto, relativamente independentes das pressões do mundo social global que o envolve. De fato, as pressões externas, sejam de que natureza forem, só se exercem por intermédio do campo, são

---

1 Institut National de la Statistique des Études Économiques (Instituto Nacional de Estatísticas e Estudos Econômicos). (N. T.)

mediatizadas pela lógica do campo. Uma das manifestações mais visíveis da autonomia do campo é sua capacidade de *refratar*, retraduzindo sob uma forma específica as pressões ou as demandas externas. Como um fenômeno externo, uma catástrofe, uma calamidade (a peste negra da qual se procuram os efeitos na pintura), a doença da vaca-louca – que sei eu? – vai se retraduzir num campo dado?

Dizemos que quanto mais autônomo for um campo, maior será o seu poder de refração e mais as imposições externas serão transfiguradas, a ponto, frequentemente, de se tornarem perfeitamente irreconhecíveis. O grau de autonomia de um campo tem por indicador principal seu poder de refração, de retradução. Inversamente, a heteronomia de um campo manifesta-se, essencialmente, pelo fato de que os problemas exteriores, em especial os problemas políticos, aí se exprimem diretamente. Isso significa que a "politização" de uma disciplina não é indício de uma grande autonomia, e uma das maiores dificuldades encontradas pelas ciências sociais para chegarem à autonomia é o fato de que pessoas pouco competentes, do ponto de vista de normas específicas, possam sempre intervir em nome de princípios heterônomos sem serem imediatamente desqualificadas.

Se você tentar dizer aos biólogos que uma de suas descobertas é de esquerda ou de direita, católica ou não católica, você suscitará uma franca hilaridade, mas nem sempre foi assim. Em sociologia, ainda se pode dizer esse tipo de coisas. Em economia, evidentemente, pode-se também dizer isso, ainda que os economistas se esforcem por fazer crer que isso não é mais possível.

Todo campo, o campo científico por exemplo, é um campo de forças e um campo de lutas para conservar ou transformar esse campo de forças. Pode-se, num primeiro momento, descrever um espaço científico ou um espaço religioso como um mundo físico, comportando as relações de força, as relações de dominação. Os agentes – por exemplo, as empresas no caso do campo econômico – criam o espaço, e o espaço só existe (de alguma maneira) pelos agentes e pelas relações objetivas entre os agentes que aí se encontram. Uma grande empresa deforma todo o espaço econômico conferindo-lhe uma certa estrutura. No campo científico, Einstein, tal como uma grande empresa, deformou todo o espaço em torno de si. Essa metáfora "einsteiniana" a propósito do próprio Einstein significa que não há físico, pequeno ou grande, em Brioude ou em Harvard que (independentemente de qualquer contato direto, de qualquer interação) não tenha sido tocado, perturbado, marginalizado pela intervenção de Einstein, tanto quanto um grande estabelecimento que, ao baixar seus preços, lança fora do espaço econômico toda uma população de pequenos empresários.

Nessas condições, é importante, em seguida, para a reflexão prática, o que comanda os pontos de vista, o que comanda as intervenções científicas, os lugares de publicação, os temas que escolhemos, os objetos pelos quais nos interessamos etc. é a estrutura das relações objetivas entre os diferentes agentes que são, para empregar ainda a metáfora "einsteiniana", os princípios do campo. É a *estrutura das relações objetivas* entre os agentes que determina o que eles podem e não podem fazer. Ou, mais precisamente, é a posição que eles ocupam nessa estrutura que determina ou orienta, pelo menos negativamente, suas tomadas de posição. Isso significa que só compreendemos, verdadeiramente, o que diz ou faz um agente engajado num campo (um economista, um escritor, um artista etc.) se estamos em condições de nos referirmos à posição que ele ocupa nesse campo, se sabemos "de onde ele fala", como se dizia de modo um tanto vago por volta de 1968 – o que supõe que pudemos e soubemos fazer, previamente, o trabalho necessário para construir as relações objetivas que são constitutivas da estrutura do campo em questão – em vez de nos contentarmos em nos reportar ao lugar que supostamente ele ocupa no espaço social global, o que a tradição marxista chama de sua condição de classe.

Essa estrutura é, *grosso modo*, determinada pela distribuição do capital científico num dado momento. Em outras palavras, os agentes (indivíduos ou instituições) caracterizados pelo volume de seu capital determinam a estrutura do campo em proporção ao seu peso, que depende do peso de todos os outros agentes, isto é, de todo o espaço. Mas, contrariamente, cada agente age sob a pressão da estrutura do espaço que se impõe a ele tanto mais brutalmente quanto seu peso relativo seja mais frágil. Essa pressão estrutural não assume, necessariamente, a forma de uma imposição direta que se exerceria na interação (ordem, "influência" etc.).

Igualmente, no campo econômico, uma alteração de preços decidida pelos dominantes muda o panorama de todas as empresas. Do mesmo modo que, no campo intelectual dos anos 50, Sartre, com suas tomadas de posição, a propósito de Heidegger ou de Faulkner, comanda indiretamente as escolhas de Bataille e de Blanchot,[2] tanto quanto, no domínio da pesquisa

---

2 Cf. Boschetti, A. *Sartre et les temps modernes*. Paris: Minuit, 1985.

científica, os pesquisadores ou as pesquisas dominantes definem o que é, num dado momento do tempo, o conjunto de objetos importantes, isto é, o conjunto das questões que importam para os pesquisadores, sobre as quais eles vão concentrar seus esforços e, se assim posso dizer, "compensar", determinando uma concentração de esforços de pesquisa.

Segue-se que, contrariamente ao que leva a crer num construtivismo idealista, os agentes fazem os fatos científicos e até mesmo fazem, em parte, o campo científico, mas a partir de uma posição nesse campo – posição essa que não fizeram – e que contribui para definir suas possibilidades e suas impossibilidades. Contra a ilusão maquiavélica à qual alguns sociólogos da ciência sucumbem, talvez porque tomem emprestado aos eruditos sua própria visão "estratégica", para não dizer cínica, do mundo científico, é preciso, primeiramente, lembrar que nada é mais difícil e até mesmo é impossível de "manipular" do que um campo. É preciso dizer, por outro lado, que, por muito versado que possa ser na "gestão de redes" (com que tanto se preocupam aqueles que julgam servir-se de sua "ciência" da ciência para promover suas teorias da ciência e afirmar seu poder de especialistas no mundo da ciência), as oportunidades que um agente singular tem de submeter as forças do campo aos seus desejos são proporcionais à sua força sobre o campo, isto é, ao seu capital de crédito científico ou, mais precisamente, à sua posição na estrutura da distribuição do capital. Isso é verdadeiro, salvo nos casos inteiramente excepcionais, nos quais, por uma descoberta revolucionária, capaz de questionar os próprios fundamentos da ordem científica estabelecida, um cientista redefine os próprios princípios da distribuição do capital, as próprias regras do jogo.

Disse que aquilo que define a estrutura de um campo num dado momento é a estrutura da distribuição do capital científico entre os diferentes agentes engajados nesse campo. Muito bem, dirão, mas o que você entende por capital? Só posso responder brevemente: cada campo é o lugar de constituição de uma forma específica de capital. Como estabeleci já em 1975[3] (a lembrança das datas, quer dizer, das prioridades de descoberta, é necessária, às vezes, para se proteger contra as malversações, sobretudo quando elas se acompanham de deformações destinadas a dissimulá--las), o capital científico é uma espécie particular do capital simbólico (o qual, sabe-se, é sempre fundado sobre atos de conhecimento e reconhecimento) que consiste no reconhecimento (ou no crédito) atribuído pelo conjunto de pares-concorrentes no interior do campo científico (o número de menções do *Citation Index* é um bom indicador, que se pode melhorar, como o fiz na pesquisa sobre o campo universitário francês, levando em conta os sinais de reconhecimento e de consagração, tais como os prêmios Nobel ou, em escala nacional, as medalhas do CNRS e também as traduções para as línguas estrangeiras). Voltarei, em seguida, às diferentes formas que podem assumir esse capital e os poderes que ele proporciona aos seus detentores.

Os capitalistas cientistas, se assim posso me exprimir, não têm quase nada em comum – se se põem à parte os efeitos das homologias estruturais – com os capitalistas no sentido comum, isto é, aqueles que se

---

3 Bourdieu, P. La spécificité du champ scientifique et les conditions sociales du progrès de la raison. *Sociologie et Sociétés* (*Montréal*), v.VII, n.1, p.4, mai 1975.

encontram no campo econômico (e a confusão, se permite dar a impressão de radicalismo, é extremamente perigosa, uma vez que volta a ignorar todas as especificidades ligadas à lógica própria do campo científico). É evidente que o capital de Einstein não era de natureza financeira. Esse capital, de um tipo inteiramente particular, repousa, por sua vez, sobre o reconhecimento de uma competência que, para além dos efeitos que ela produz e em parte mediante esses efeitos, proporciona autoridade e contribui para definir não somente as regras do jogo, mas também suas regularidades, as leis segundo as quais vão se distribuir os lucros nesse jogo, as leis que fazem que seja ou não importante escrever sobre tal tema, que é brilhante ou ultrapassado, e o que é mais compensador publicar no *American Journal* de tal e tal do que na *Revue Française* disso e daquilo.

Os campos são os lugares de relações de forças que implicam tendências imanentes e probabilidades objetivas. Um campo não se orienta totalmente ao acaso. Nem tudo nele é igualmente possível e impossível em cada momento. Entre as vantagens sociais daqueles que nasceram num campo, está precisamente o fato de ter, por uma espécie de ciência infusa, o domínio das leis imanentes do campo leis não escritas que são inscritas na realidade em estado de tendências e de ter o que se chama em *rugby*, mas também na Bolsa, *o sentido do jogo*.[4] Por exemplo, numerosos estudos o confirmam, as estratégias de reconversão que os cientistas praticam e que os conduzem a passar de um domínio ou de um tema a outro são muito

---

4 *Sens du placement*, no original. (N. T.)

desigualmente prováveis de acordo com os agentes, o capital de que dispõem, e segundo a relação com o capital adquirido mediante sua própria maneira de adquirir esse capital.

Essa arte de antecipar as tendências, observada por toda parte, que está estreitamente ligada a uma origem social e escolar elevada e que permite apossar-se dos bons temas em boa hora, bons lugares de publicação (ou mesmo de exposição) etc. é um dos fatores que determinam as diferenças sociais mais marcantes nas carreiras científicas (e isso é mais manifesto ainda na arte moderna). Esse senso do jogo é, de início, um senso da história do jogo, no sentido do futuro do jogo. Como um bom jogador de *rugby* sabe para onde vai a bola e se põe lá onde a bola vai cair, o bom cientista jogador é aquele que, sem ter necessidade de calcular, de ser cínico, faz as escolhas que compensam. Aqueles que nasceram no jogo têm o privilégio do "inatismo". Eles não têm necessidade de serem cínicos para fazer o que é preciso quando é preciso e ganhar a aposta.

Há, portanto, estruturas objetivas, e além disso há lutas em torno dessas estruturas. Os agentes sociais, evidentemente, não são partículas passivamente conduzidas pelas forças do campo (mesmo se às vezes se diz que há essa semelhança: caso se observem algumas evoluções políticas, como a do número de nossos intelectuais, como não dizer que a limalha segue realmente as forças do campo?). Eles têm disposições adquiridas – não desenvolverei aqui esse ponto – que chamo de *habitus*, isto é, maneiras de ser permanentes, duráveis que podem, em particular, levá-los a resistir, a opor-se às forças do campo. Aqueles que adquirem, longe do campo em que se inscrevem, as disposições que não são aquelas que esse campo exige, arriscam-se, por exemplo, a estar sempre defasados, deslocados, mal colocados, mal em sua própria pele, na contramão e na hora errada, com todas as consequências que se possa imaginar. Mas eles podem também lutar com as forças do campo, resistir-lhes e, em vez de submeter suas disposições às estruturas, tentar modificar as estruturas em razão de suas disposições, para conformá-las às suas disposições.

Qualquer que seja o campo, ele é objeto de luta tanto em sua representação quanto em sua realidade. A diferença maior entre um campo e um jogo (que não deverá ser esquecida por aqueles que se armam da teoria dos jogos para compreender os jogos sociais e, em particular, o jogo econômico) é que o campo é um jogo no qual as regras do jogo estão elas próprias postas em jogo (como se vê todas as vezes que uma revolução simbólica – aquela operada por Manet, por exemplo – vem redefinir as próprias condições de acesso ao jogo, isto é, as propriedades que aí funcionam como capital e dão poder sobre o jogo e sobre os outros jogadores). Os agentes sociais estão inseridos na estrutura e em posições que dependem do seu capital e desenvolvem estratégias que dependem, elas próprias, em grande parte, dessas posições, nos limites de suas disposições. Essas estratégias orientam-se seja para a conservação da estrutura seja para a sua transformação, e pode-se genericamente verificar que quanto mais as pessoas ocupam uma posição favorecida na estrutura, mais elas tendem a conservar ao mesmo tempo a estrutura e sua posição, nos limites, no entanto, de suas disposições (isto é, de sua trajetória social, de sua origem social) que são mais ou menos apropriadas à sua posição.

Pierre Bourdieu

As propriedades específicas dos campos científicos

Assim, tendo relembrado as propriedades mais gerais dos campos, tomando, de propósito, exemplos no campo econômico ou no literário tanto quanto no científico, gostaria agora de apresentar, rapidamente, as características específicas do campo científico. Quanto mais os campos científicos são autônomos, mais eles escapam às leis sociais externas. Descartei, de início, uma forma de reducionismo que consiste em reduzir as leis segundo as quais um campo funciona pelas leis sociais exteriores, o que chamei de erro do curto-circuito.

Há, no entanto, uma segunda forma de reducionismo, mais sutil: é o que se chama o "grande programa" em sociologia das ciências, "radicalização" indevida de posições que defendo e que consiste em reduzir as estratégias dos eruditos às estratégias sociais das quais sempre são um aspecto e a seus determinantes sociais e em ignorar a sublimação dos interesses externos, políticos – isso é óbvio – ou internos, ligados à luta no campo e que se impõem pelas leis sociais do campo (e em particular pelas pressões inerentes ao fato de que cada um tem por clientes os seus próprios concorrentes). Sublimação que, tacitamente, exigida de todo recém-chegado, é implicada nessa forma particular de *illusio* inerente ao pertencimento a um campo, isto é, a crença científica como interesse desinteressado e interesse pelo desinteresse, que leva a admitir, como se diz, que o jogo científico merece ser jogado, que ele vale a pena, e que define os objetos dignos de interesse, interessantes, importantes, capazes, portanto, de merecer o investimento.

Em outras palavras, o campo, isto é, mais precisamente a economia antieconômica e a concorrência regulada da qual ele é o lugar, produz essa forma particular de *illusio* que é o interesse científico, ou seja, um interesse que com relação às formas de interesse correntes na existência cotidiana (e em particular no campo econômico) aparece como desinteressada, gratuita. Mas, mais sutilmente, o interesse "puro", desinteressado, é um interesse pelo desinteresse, forma de interesse que convém a todas as economias dos bens simbólicos, economias antieconômicas, nas quais, de alguma maneira, é o desinteresse que "compensa". Aí está uma das diferenças mais radicais entre o "capitalista cientista" e o capitalista simplesmente. Segue-se que as estratégias dos agentes têm sempre, de algum modo, dupla face, ambíguas, interessadas e desinteressadas, pois são inspiradas por uma espécie de interesse pelo desinteresse e que se pode fazer delas duas descrições opostas, mas igualmente falsas, uma vez que unilaterais, uma hagiográfica e idealizada, outra cínica e redutora que faz do "capitalista cientista" um capitalista como os outros.

Têm-se, assim, testemunhos vindos de responsáveis pelas grandes revistas americanas de física que contam que seus pesquisadores lhes telefonam dia e noite, angustiados, porque se pode perder o benefício de vinte anos de pesquisa por cinco minutos de atraso. Compreende-se que nessas condições se esteja longe da visão hagiográfica da ciência que é desmentida por tudo o que se conhece da verdade da pesquisa: os plágios, o roubo de ideias, as querelas de prioridades e tantas outras práticas que são tão antigas quanto a própria ciência. Os eruditos são interessados, têm vontade de chegar primeiro, de serem os melhores, de brilhar.

O paradoxo dos campos científicos, entretanto, é que eles produzem, ao mesmo tempo, essas pulsões destrutivas e o controle dessas pulsões. Se você deseja triunfar sobre um matemático, é preciso fazê-lo matematicamente pela demonstração ou refutação. Evidentemente, há sempre a possibilidade de que o soldado romano corte a cabeça de um matemático, mas isso é um "erro de categoria", diriam os filósofos. Pascal veria nisso um ato de tirania que consiste em utilizar numa ordem um poder que pertence a outra ordem. Mas um tal triunfo não o é, realmente, segundo as normas próprias do campo. Acontece a mesma coisa com o sucesso desses autores que, não podendo chegar à consagração segundo as normas específicas do campo literário, se fazem eleger para a Academia Francesa e passam o tempo a escrever nos jornais ou a se exibir na televisão. Numerosas consagrações temporais na ordem espiritual têm uma tal função compensatória.

Quanto mais um campo é heterônomo, mais a concorrência é imperfeita e é mais lícito para os agentes fazer intervir forças não científicas nas lutas científicas. Ao contrário, quanto mais um campo é autônomo e próximo de uma concorrência pura e perfeita, mais a censura é puramente científica e exclui a intervenção de forças puramente sociais (argumento de autoridade, sanções de carreira etc.) e as pressões sociais assumem a forma de pressões lógicas, e reciprocamente: para se fazer valer aí, é preciso fazer valer razões; para aí triunfar, é preciso fazer triunfar argumentos, demonstrações e refutações.

A luta científica é uma luta armada entre adversários que possuem armas tão potentes e eficazes quanto o capital científico coletivamente acumulado no e pelo campo (portanto, em estado incorporado, em cada um dos agentes) seja mais importante e que estejam de acordo ao menos para invocar, como uma espécie de árbitro último, o veredito da experiência, isto é, do "real". Essa "realidade objetiva" à qual todo mundo se refere de maneira tácita ou explícita não é jamais, em definitivo, aquilo sobre o que os pesquisadores engajados no campo, num dado momento do tempo, concordam em considerar como tal, e ela só se manifesta no campo mediante as *representações* que dela fazem aqueles que invocam sua arbitragem.

Esse pode também ser o caso noutros campos, como o campo religioso ou o campo político, nos quais, em particular, os adversários lutam para impor princípios de visão e de divisão do mundo social, sistemas de classificações, em classes, regiões, nações, etnias etc., e não cessam de tomar por testemunho, de algum modo, o mundo social, de convocá-lo a depor, para pedir-lhe que confirme ou negue seus diagnósticos ou seus prognósticos, suas visões e suas previsões. Mas o que faz a especificidade do campo científico é aquilo sobre o que os concorrentes estão de acordo acerca dos princípios de verificação da conformidade ao "real", acerca dos métodos comuns de validação de teses e de hipóteses, logo sobre o contrato tácito, inseparavelmente político e cognitivo, que funda e rege o *trabalho de objetivação*.

Em consequência, aquilo com que se defronta no campo são construções sociais concorrentes, *representações* (com tudo o que a palavra implica de exibição teatral destinada a fazer ver e a fazer valer uma maneira de ver), mas representações realistas que se pretendem fundadas numa "realidade" dotada de todos os meios de impor seu veredito mediante o arsenal de métodos, instrumentos e técnicas de experimentação coletivamente acumulados e coletivamente empregados, sob a imposição das disciplinas e das censuras do campo e também pela virtude invisível da orquestração dos *habitus*.

Tudo iria bem no melhor dos mundos científicos possíveis se a lógica da concorrência puramente científica fundada apenas sobre a força de razões e de argumentos não fosse contrariada e até mesmo, em certos casos, anulada por forças e pressões externas (como se vê no caso das ciências que ainda estão a meio-caminho no processo de autonomização e onde se podem sempre disfarçar as censuras sociais em censuras científicas e vestir de razões científicas os abusos do poder social específico, como a autoridade administrativa ou o poder de nomeação mediante bancas de concursos).

De fato, o mundo da ciência, como o mundo econômico, conhece relações de força, fenômenos de concentração do capital e do poder ou mesmo de monopólio, relações sociais de dominação que implicam uma apropriação dos meios de produção e de reprodução, conhece também lutas que, em parte, têm por móvel o controle dos meios de produção e reprodução específicos, próprios do subuniverso considerado. Se é assim, entre outras razões, é porque a economia antieconômica – voltarei a esse ponto – da ordem propriamente científica permanece enraizada na economia e porque mediante ela se tem acesso ao poder econômico (ou político) e às estratégias propriamente políticas que visam conquistá-lo ou conservá-lo.

A atividade científica implica um custo econômico, e o grau de autonomia de uma ciência depende, por sua vez, do grau de necessidade de recursos econômicos que ela exige para se concretizar (os matemáticos, sob esse aspecto, estão muito mais bem colocados do que os físicos e os biólogos). Mas depende sobretudo, também do grau em que o campo científico está protegido contra as intrusões (mediante, principalmente, o direito de entrada mais ou menos elevado que ele impõe aos recém-chegados e que depende do capital científico coletivamente acumulado) e do grau em que é capaz de impor suas sanções positivas ou negativas.

As duas espécies de capital científico

Segue-se que os campos são o lugar de duas formas de poder que correspondem a duas espécies de capital científico: de um lado, um poder que se pode chamar temporal (ou político), poder institucional e institucionalizado que está ligado à ocupação de posições importantes nas instituições científicas, direção de laboratórios ou departamentos, pertencimento a comissões, comitês de avaliação etc., e ao poder sobre os meios de produção (contratos, créditos, postos etc.) e de reprodução (poder de nomear e de fazer as carreiras) que ela assegura. De outro, um poder específico, "prestígio" pessoal que é mais ou menos independente do precedente, segundo os campos e as instituições, e que repousa quase exclusivamente sobre o reconhecimento, pouco ou mal objetivado e institucionalizado, do conjunto de pares ou da fração mais consagrada dentre eles (por exemplo, com os "colégios invisíveis" de eruditos unidos por relações de estima mútua).

Dado que a inovação científica não ocorre sem rupturas sociais com os pressupostos em vigor (sempre correlativos de prerrogativas e de privilégios), o capital científico "puro", ainda que esteja em conformidade com a imagem ideal que o campo quer ter e dar de si próprio, é, pelo menos na fase de acumulação inicial, mais exposto à contestação e à crítica, *controversial*, como dizem os anglo-saxões, do que o capital científico institucionalizado, e pode ocorrer, em algumas disciplinas, que os grandes inovadores (Braudel, Lévi-Strauss, Dumézil, por exemplo, no caso das ciências sociais) sejam marcados por estigmas de heresia e violentamente combatidos pela instituição.

As duas espécies de capital científico têm leis de acumulação diferentes: o capital científico "puro" adquire-se, principalmente, pelas contribuições reconhecidas ao progresso da ciência, as invenções ou as descobertas (as publicações, especialmente nos órgãos mais seletivos e mais prestigiosos, portanto aptos a conferir prestígio à moda de bancos de crédito simbólico, são o melhor indício); o capital científico da instituição se adquire, essencialmente, por estratégias políticas (específicas) que têm em comum o fato de todas exigirem *tempo* – participação em comissões, bancas (de teses, de concursos), colóquios mais ou menos convencionais no plano científico, cerimônias, reuniões etc. –, de modo que é difícil dizer se, como o professam habitualmente os detentores, sua acumulação é o princípio (a título de compensação) ou o resultado de um menor êxito na acumulação da forma mais específica e mais legítima do capital científico.

Difíceis de acumular praticamente, as duas espécies de capital científico diferem também por suas formas de transmissão. O capital científico "puro", que, fragilmente objetivado, tem qualquer coisa de impreciso e permanece relativamente indeterminado, tem sempre alguma coisa de carismático (na percepção comum está ligado à pessoa, aos seus "dons" pessoais, e não pode ser objeto de uma "portaria de nomeação"); desse aspecto, é extremamente difícil de transmitir na prática (ainda que, diferentemente do profeta, do costureiro ou do poeta, o grande pesquisador possa transmitir a parte mais formalizada de sua competência científica, mas somente por um longo e lento trabalho de formação, ou melhor, de colaboração, que leva muito tempo; e mesmo se ele pode também, como todos os detentores de capital simbólico, "consagrar" os pesquisadores, formados ou não por ele, fazendo sua reputação, assinando com eles, publicando-os, recomendando-os para as instâncias de consagração etc.).

Ao contrário, o capital científico institucionalizado tem quase as mesmas regras de transmissão que qualquer outra espécie de capital burocrático, ainda que, em alguns casos, deva assumir a aparência de uma "eleição" "pura", por exemplo, por meio de concursos que podem, de fato, estar muito próximos dos concursos de recrutamento burocrático, no qual a definição do posto está, de algum modo, pré-ajustada à medida do candidato desejado. (É certamente nas operações de cooptação, que visam perpetuar o corpo de pesquisadores, que o conflito entre os dois princípios se faz mais visível: os detentores do capital científico institucionalizado tendem a organizar os procedimentos – os concursos, por exemplo – segundo a lógica da nomeação burocrática, enquanto os detentores do capital científico "puro" tendem a situar-se na lógica "carismática" do "inventor".)

Num belo artigo[5] – que, pela minúcia de observação, rigor da análise e exatidão (modesta) da teorização, se

---

5 Shinn, T. Hiérarchies des chercheurs et formes des recherches. *Actes de la Recherche en Sciences Sociales*, n.74, p.2-22, sept. 1988.

situa em exata oposição à tendência atual, midiática e cínica, ao mesmo tempo, da sociologia das ciências –, Terry Shinn mostrou que as duas espécies de capital científico e as duas formas de poder podem coexistir no seio do mesmo laboratório e para o melhor, em alguns casos, do empreendimento coletivo – tendo, de um lado, o diretor do laboratório que, muito informado do estado da pesquisa, em especial, pela frequência aos comitês e às comissões, encarna de alguma forma a "ciência normal" e produz trabalhos voltados para a generalização, e, de outro, tendo também o pesquisador prestigiado que se dedica à construção de "modelos integrativos" e traz para outros pesquisadores, seniores e juniores, uma espécie de suplemento de imaginação científica (essa divisão do trabalho, observada num laboratório de física, encontra-se em numerosos grupos de pesquisa pertencentes às mais diferentes disciplinas).

Por razões práticas, o acúmulo das duas espécies de capital é, como já indiquei, extremamente difícil. E podem-se caracterizar os pesquisadores pela posição que eles ocupam nessa estrutura, isto é, pela estrutura de seu capital científico ou, mais precisamente, pelo peso relativo de seu capital "puro" e de seu capital "institucional: tendo, num extremo, os detentores de um forte crédito específico e de um frágil peso político e, no extremo oposto, os detentores de um forte peso político e de um frágil crédito científico (em especial, os administradores científicos).

Se ocorre que a acumulação de um forte crédito científico (junto aos pares) favorece de modo contínuo, e em geral tardiamente (quer dizer, quando já é tarde demais), a obtenção dos poderes econômicos e políticos (da parte dos poderes administrativos, políticos etc.), a conversão do capital político (específico) em poder científico é (infelizmente!) mais fácil e mais rápida, sobretudo para os que ocupam posições médias nas duas distribuições (do prestígio e do poder) e que, mediante o poder que estão aptos a exercer sobre a produção e a reprodução (participação no Conselho Nacional das Universidades, nas comissões do CNRS, nas bancas de concursos de recrutamento e de aperfeiçoamento etc.), estão em condições de assegurar a perpetuação da ortodoxia contra a inovação (em especial, a favor de complexas alianças mediante as quais os eleitos pelos sindicatos – frequentemente destinados a se tornar executivos – podem dar seu apoio aos dirigentes mais fiéis à ordem científica estabelecida).

As relações de força simbólicas, no interior do campo científico, não têm a clareza penetrante que pode lhe dar uma análise científica destinada a quantificar até mesmo as propriedades mais impalpáveis, como a reputação internacional. Em especial, mediante o domínio que assegura sobre as instâncias e os instrumentos de consagração, academias, dicionários, prêmios ou distinções (nacionais, pelo menos), o poder científico institucional (que, estando ligado ao domínio sobre as posições na universidade e nas instituições de pesquisa, é quase estritamente nacional, o que contribui para explicar a defasagem entre as hierarquias nacionais e as hierarquias internacionais) chega a produzir o efeito de halo quase carismático, especialmente sobre os jovens pesquisadores, frequentemente levados (e não somente pelo servilismo interessado) a emprestar as qualidades científicas daqueles dos quais dependem para sua carreira e que podem assegurar-se assim de clientelas dóceis e de todo o cortejo de citações de complacência e de homenagens acadêmicas.

Outro fator de interferência, pelo menos aos olhos dos "juniores", que contribui significativamente para fazer o capital simbólico (esse "ser percebido", *percipi*, que depende da percepção e da apreciação dos agentes engajados no campo) é o fato de que, como já disse, o crédito científico pode continuamente assegurar, apesar de tudo, uma forma de crédito político (a palavra sendo sempre tomada no sentido específico), de consagração temporal que, em alguns contextos, pode ser um fator de desencantamento ou mesmo de descrédito (um dos problemas dos inovadores, ao se consagrarem, sobretudo em literatura, é o de conservar o prestígio atribuído à ruptura herética de vanguarda).

Seria preciso analisar os efeitos dessa dualidade de poderes no funcionamento do campo científico. O campo seria mais eficiente cientificamente se os mais prestigiados fossem também os mais poderosos? E supondo-se que fosse mais eficiente, seria necessariamente mais suportável?

Tudo leva a pensar que todo mundo (ou quase) se beneficia com essa divisão de poderes e com esse compromisso híbrido que evita o que poderia haver de assustador nessa espécie de teocracia epistemocrática dos "melhores", ou inversamente numa cisão completa dos dois poderes condenando os "melhores" à mais completa impotência. Mas não é possível deixar de lamentar o que pode ter de "funcional", não para o progresso da ciência, mas para o conforto dos pesquisadores menos ativos e os menos produtivos, o fato de que o poder temporal sobre o campo científico seja muito frequentemente partilhado com uma tecnocracia da pesquisa, isto é, por pesquisadores que não são, necessariamente, os melhores do ponto de vista dos critérios científicos.

O que é certo é que, quanto mais a autonomia adquirida por um campo for limitada e imperfeita e mais as defasagens forem marcadas entre as hierarquias temporais e as hierarquias científicas, mais os poderes temporais que se fazem, com frequência, os retransmissores dos poderes externos poderão intervir em lutas específicas, especialmente mediante o controle sobre os postos, as subvenções, os contratos etc. que permitem à pequena oligarquia dos que permanecem nas comissões manter suas clientelas. Como as diferentes disciplinas científicas têm necessidade de recursos econômicos para se manter, em diferentes graus, alguns pesquisadores, às vezes convertidos em administradores científicos (mais ou menos diretamente associados à pesquisa), podem, por intermédio do controle dos recursos que lhe assegura o capital social, exercer sobre a pesquisa um poder que se pode chamar de tirânico (no sentido de Pascal), uma vez que não encontra seu princípio na lógica específica do campo.

Assim, pelo fato de que sua autonomia com relação aos poderes externos jamais é total e de que eles são o lugar de dois princípios de dominação, temporal e específico, todos esses universos são caracterizados por uma ambiguidade estrutural: os conflitos intelectuais são também, sempre, de algum aspecto, conflitos de poder. Toda estratégia de um erudito comporta, ao mesmo tempo, uma dimensão política (específica) e uma dimensão científica, e a explicação deve sempre levar em conta, simultaneamente, esses dois aspectos. Entretanto, o peso relativo de um e de outro varia muito segundo o campo e a posição no campo: quanto mais os campos são heterônomos, maior é a defasagem entre a estrutura de distribuição no campo dos poderes não específicos (políticos); por um lado, e por outro, a estrutura da distribuição dos poderes específicos – o reconhecimento, o prestígio científico.

Há, inclusive, universos nos quais as duas estruturas estão invertidas: a distribuição dos professores de letras e de ciências humanas do ensino superior francês no espaço do campo universitário é tal que, quanto mais eles estão próximos do polo do poder, menos têm prestígio (medido por indicadores como o *Citation Index*, o número de traduções e toda uma série de outros indicadores): de um lado, as pessoas mais poderosas, em particular do ponto de vista do controle da reprodução do corpo (aqueles que têm assento no CNU, nas grandes comissões examinadoras de concursos etc.) e da perpetuação do paradigma, da ortodoxia; de outro, as pessoas que têm o prestígio, a notoriedade, o reconhecimento, sobretudo internacional, mas que têm pouco poder. Essa discordância é geradora de todo um conjunto de efeitos. Ela permite àqueles que fracassam contar histórias, imputar, por exemplo, sua má posição intelectual à sua má posição na ordem do poder ou denunciar os detentores de prestígio como se se tratasse de detentores do poder. Ela também permite aos dominantes temporais – em oposição aos dominantes espirituais – usufruir da ambiguidade da estrutura para apresentarem estratégias destinadas a reproduzir sua posição como estratégias destinadas a fazer avançar a ciência.

Quer dizer que, nesses universos, para fazer progredir a cientificidade, é preciso fazer progredir a autonomia e, mais concretamente, as condições práticas da autonomia, criando barreiras na entrada, excluindo a introdução e a utilização de armas não específicas, favorecendo formas reguladas de competição, somente submetidas às imposições da coerência lógica e da verificação experimental.

O espaço dos pontos de vista

Entre os usos sociais da ciência, há um, de fato, que quase sempre é esquecido e que, certamente, não é menos importante: aquele que consiste em colocar a ciência, e, mais especificamente, a ciência da ciência, a serviço da ciência, do progresso desta. Uma análise puramente descritiva, como aquela que propus, pode conduzir as tomadas de posição prescritivas? Uma das virtudes da teoria do campo é que ela permite romper com o conhecimento primeiro, necessariamente parcial e arbitrário – cada um vê o campo com uma certa lucidez, mas a partir de um ponto de vista dentro do campo, que ele próprio não vê –, e romper com as teorias semieruditas que só contêm, em estado explícito, um dos pontos de vista sobre o campo.

Para tornar isso compreensível, tenho o hábito de tomar o exemplo de duas análises críticas dos intelectuais, publicadas no fim dos anos 50: num livro que teve alguma notoriedade, *L'opium des intellectuels* [*O ópio dos intelectuais*], Raymond Aron esboçou um quadro daqueles que chamou de "intelectuais", isto é, segundo a definição então em vigor, os "intelectuais de esquerda" dos quais os representantes mais típicos eram Sartre e Simone de Beauvoir. Numa série de artigos lançados em *Les Temps Modernes*, revista de Jean-Paul Sartre, Simone de Beauvoir propunha uma evocação metódica e argumentada do "pensamento de direita" (encarnado, aos seus olhos, por Raymond Aron e alguns outros).

Um e outro, no entanto, tinham em comum, para além da oposição radical que os separava, tomar como uma representação estritamente objetiva do seu objeto o que não passava de um ponto de vista particular e, embora muito lúcidos (dessa lucidez interessada que inspira a concorrência vivida como rivalidade ou hostilidade) do ponto de vista de seu concorrente, de serem cegos acerca de si próprios e sobretudo acerca do ponto de vista a partir do qual apreendiam seu concorrente, isto é, sobre o fato de que, inscritos no mesmo campo, ocupavam posições antagônicas, princípios de sua lucidez e de sua cegueira.

É assim que a análise científica de um campo – por exemplo, do campo das instituições de pesquisa, faculdades, CNRS, INSEE, INSERM[6] etc., no interior do qual o INRA ocupa uma determinada posição, ou do próprio INRA que funciona também como um subcampo relativamente autônomo, organizado em torno de suas próprias oposições – pode, à primeira vista, parecer muito próxima das representações que os agentes produzem, especialmente para as necessidades da polêmica contra seus concorrentes. A diferença, no entanto, é radical: de fato, às objetivações parciais e interessadas dos agentes engajados no campo, opõe-se a objetivação do campo como um conjunto de pontos de vista (no duplo sentido de visões configuradas com base num ponto do campo e em posições dos campos a partir das quais essas visões interessadas se configuram) que implica tomar distância com relação a cada um dos

---

6 INSERM – Institut National de la Santé et de la Recherche Médicale (Instituto Nacional de Saúde e Investigações Médicas). (N. T.)

pontos de vista particulares, de cada uma das tomadas de posição, comumente críticas.

Essa tomada de posição objetivante (que se pode aplicar ao próprio sujeito objetivante quando ele toma por objeto, como o fiz no *Homo academicus*, o mesmo campo do qual ele faz parte) está implicada no fato de situar esses pontos de vista no espaço das tomadas de posição e relacioná-los às posições correspondentes, isto é, ao mesmo tempo destituí-los de sua pretensão "absolutista" à objetividade (ligada à ilusão da ausência do ponto de vista) e também de explicá-los, dar-lhes razão, torná-los compreensíveis, inteligíveis.

Observa-se que, para além de toda intenção moralizante, esse ponto de vista que objetiva os pontos de vista e os constitui como tais, e que é frequentemente descrito, sem razão, como "fixação" reducionista, implica a substituição de uma visão compreensiva e indulgente – segundo a fórmula "compreender é perdoar" – das diferentes posições e tomadas de posições por uma visão polêmica, parcial e arbitrária dos próprios agentes que, como tal, é falsa, mesmo quando o que revela, desvela ou denuncia contém uma parte de verdade. Por isso, ela constitui uma contribuição possível para a compreensão mútua dos ocupantes de diferentes posições no campo e, ao mesmo tempo, para a integração dessa instituição que, de modo algum, implica a supressão das diferenças de pontos de vista.

Além disso, longe de conduzir, como se poderia crer (e como se quer, frequentemente, fazer crer), a um relativismo que não dá razão a nenhum dos concorrentes à verdade, a construção do campo permite estabelecer a verdade das diferentes posições e os limites de validade das diferentes tomadas de posição (pretendentes ou não à verdade) cujos defensores, tacitamente, concordam, como já indiquei, a fim de mobilizar os mais potentes instrumentos de prova ou de refutação que lhes assegurem as aquisições coletivas de sua ciência. Ela permite assim romper com as semiobjetivações eruditas ou com as objetivações semieruditas que, só pela sua pretensão, diferem daquelas que os agentes sociais produzem, na vida cotidiana, apoiando-se sobre o conhecimento interessado (e às vezes, muito bem informado) que eles podem ter de seus concorrentes.

Essa é a razão pela qual, nas análises da estrutura e do funcionamento do INRA que poderei tentar esboçar, irei me ater a prudentes sugestões, deixando a vocês o cuidado de completá-las ou prolongá-las segundo os pontilhados, consciente que sou da imensa informação que uma pesquisa sistemática deveria, de início, recolher, e da qual vocês dispõem sobre uns e outros, uns sobre os outros, sobre os vínculos – políticos e sindicais, especialmente –, sobre as filiações, as carreiras etc., e que é constantemente acionada nos exercícios de "sociologia selvagem", com frequência bastante próximos da análise científica, salvo pela ausência da reflexividade.

A análise fundada sobre a apreensão do jogo como tal rompe com os jogos (e os jogos duplos) das imagens antagônicas, fazendo aparecer tanto o que eles revelam sobre aqueles que os produzem (e sobre sua posição no campo) quanto sobre aqueles aos quais eles se referem e sobre sua posição. Essas representações sociais interessadas e parciais que são vividas e dadas como objetivas e universais (sobretudo no interior de universos eruditos nos quais os agentes dispõem, pela profissão, de instrumentos poderosos de universalização) são, de fato, armas nas lutas internas.

É assim, por exemplo, que a retórica da "demanda social" que se impõe, particularmente numa instituição científica que reconhece oficialmente as funções sociais da ciência, inspira-se menos numa preocupação real em satisfazer as necessidades e as expectativas de tal ou qual categoria de "clientes" (grandes ou pequenos agricultores, indústrias agroalimentícias, organizações agrícolas, ministérios etc.), ou mesmo em ganhar assim seu apoio, do que de assegurar uma forma relativamente indiscutível de legitimidade e, simultaneamente, um acréscimo de força simbólica nas lutas internas de concorrência pelo monopólio da definição legítima da prática científica (poder-se-ia, nessa perspectiva, proceder-se a uma análise metódica relacionando as tomadas de posições e as posições, os atos dos Estados gerais do desenvolvimento agrícola de 1982).

Em suma, é preciso não esperar da análise sociológica revelações radicais. E isso, especialmente, numa instituição que, como o INRA, ocupa uma posição dominada – com relação ao prestígio científico – no campo das instituições de pesquisa e uma posição mal definida entre a pesquisa aplicada e a pesquisa básica e que se encontra por isso inclinada a uma inquietude e a uma ansiedade sobre si, particularmente favoráveis a uma lucidez mordaz e, por vezes, até mesmo um pouco patológica e autodestrutiva.

O que a análise sociológica traz, e que, num certo sentido, muda tudo, é antes de qualquer coisa uma colocação em perspectiva sistemática de visões perspectivas que os agentes produzem para as necessidades de suas lutas práticas no interior do campo, e que, a despeito de tudo o que eles fazem para "universalizá--las", como no exemplo da evocação da "demanda social", encontram seu princípio nas particularidades de uma posição no próprio interior do campo, e que assim postas em seus eixos mudam radicalmente de sentido e de função.

A situação particular do INRA

Assim, como não ver que todas as ambiguidades que todos os campos conhecem (em diferentes graus de intensidade), mesmo os mais "puros", pelo fato de fazerem coexistir princípios internos e específicos e princípios externos e puramente sociais de dominação ou de hierarquização, só podem ser reforçados, no caso de uma instituição que, como o INRA, se caracteriza por uma profunda ambiguidade estrutural e funcional? E como não ver que todos os jogos duplos que evoquei, entre o prestígio e o poder, as funções científicas e as funções de serviço, que permitem escapar às exigências da ciência em nome das obrigações a serviço da coletividade (como, aliás, do ensino), encontram condições particularmente favoráveis?

Isso significa, muito concretamente, que se todas as instituições científicas podem e devem acomodar pesquisas não aplicáveis das quais elas, inevitavelmente, têm exemplos, e isso sem animosidades (Dieudonné disse, em algum lugar, que a prática das matemáticas não precisa de outra justificação a não ser "a glória da humanidade"), é a miséria, mas também a grandeza dos pesquisadores dos institutos voltados para a pesquisa aplicada, que a todo instante são lembrados pelos outros e por eles próprios, com inquietude, apesar de toda honra, da sua inutilidade social. A única questão interessante que fica é saber se é preciso extrair dessa situação particular os deleites de uma espécie de culpabilidade original e inexpiável ou um acréscimo de exigências e de possibilidades, ligadas à necessidade de conciliar imperativos comumente separados, de maneira mais ou menos fictícia.

Sobre isso, devo exprimir meu desacordo com a maneira pela qual foi apresentada, aqui mesmo, por Bruno Latour,[7] uma noção como a de RANA – Recherche Appliquée non Applicable [Pesquisa Aplicada Não Aplicável] – que só confere um rótulo de cientificidade às intuições, mais cínicas ou mais desesperadas – isso frequentemente é a mesma coisa –, da autoanálise endógena tal como ela se exprimia com alguma felicidade na fórmula oriunda das reflexões coletivas de Maio de 68: "Pesquisadores que buscam, encontram-se; buscam-se pesquisadores que encontrem". Sob aparências de radicalismo crítico, as semianálises dessa espécie lisonjeiam as expectativas mais convencionais e convenientes: em vez de incitar a uma reflexividade crítica, portanto construtiva, aqueles que se tornam responsáveis encorajam o cinismo na prática científica, ou pior, fornecem argumentos para a visão empresarial dos quadros da instituição, mais preocupados em controlar e em constranger do que em compreender e transformar de modo inspirado e construtivo.

O INRA funciona como um campo, isso é um fato. E a distância entre os agentes e os departamentos, eles próprios organizados segundo hierarquias com relação às quais não é fácil determinar, em mais de um caso, o que devem aos critérios administrativos (ou políticos) e

---

7 Latour, B. *Le métier de chercheur, regard d'un anthropologue*. Paris: INRA Editions, s. d. 96p. (Coll. *Sciences en Questions*).

aos critérios propriamente científicos (o que nada tem de excepcional e que se observa também, com frequência, noutras instituições científicas), essa distância é aí particularmente grande, em razão da dualidade de funções declaradas e reivindicadas, a saber, a pesquisa básica e a pesquisa aplicada.

A tal ponto de alguns poderem se perguntar, no interior da própria instituição, se, para além dos vínculos e das dependências comuns (mas que são elas próprias divididas e por vezes opostas), com relação ao Ministério da Agricultura e ao Ministério da Pesquisa, há um outro princípio de unidade além da referência, para alguns inteiramente teórica, a um mesmo objeto concreto, o mundo agrícola.

E, de fato, à custa de se manter nos extremos e ignorar todo o *continuum* dos agentes que combinam, em proporções diferentes, as características associadas às posições polares, e à custa, sobretudo, de esquecer que numerosas pesquisas ditas "básicas" são menos "puras" do que parecem e que numerosas pesquisas ditas "finalistas" podem trazer contribuições decisivas à pesquisa básica, poder-se-ão opor categorias mutuamente exclusivas e incompatíveis (das quais se encontra o equivalente em outros universos, por exemplo, as faculdades de Medicina com a oposição entre os clínicos, socialmente dominantes e os que se voltam para a pesquisa básica, cientificamente dominantes): de um lado, os praticantes-clínicos, provenientes principalmente da Escola de Agronomia, têm uma atividade mais voltada para a comprovação de saberes científicos e técnicos já experimentados ou orientada para a verificação ou a vulgarização de conhecimentos estabelecidos e para a pesquisa de curto prazo, por vezes desenvolvida em colaboração com os produtores (e, inclusive, com esses produtores de um tipo muito singular que são os pequenos camponeses) e que visam resolver rapidamente problemas práticos; de outro, os pesquisadores, provenientes principalmente da Universidade, dedicam-se a investigações mais estritamente especializadas e sem outro objetivo imediato além do aumento de conhecimentos.

Tal visão socialmente construída das divisões encontraria, sem dificuldades, para se nutrir, imagens estereotipadas que se afirmam, principalmente, nos períodos de conflito ou de crise: os pesquisadores "puros" compreendem bem que o reconhecimento social e o peso político (em um sentido muito amplo) que os pesquisadores "aplicados" obtêm dos usuários, agricultores, membros de cooperativas ou de associações profissionais e sindicais, industriais, mas também de autoridades políticas, e dos quais testemunham suas numerosas participações em responsabilidades e poderes temporais (gabinetes ministeriais etc.), têm por contrapartida, bem frequentemente, abdicações ou demissões científicas e sobretudo renúncias à autonomia. O interesse que os indivíduos ou as instâncias externas têm pela pesquisa e seus resultados é, de fato, sempre ambíguo e de "dois gumes", na medida em que a consideração social que traz e que pode se traduzir pelo acesso a recursos econômicos e políticos importantes, inacessíveis aos que se dedicam à pesquisa básica, tem como contrapartida uma certa pretensão dos utilizadores a avaliar e até mesmo a orientar a pesquisa.

Quanto aos pesquisadores "aplicados", estes estão bem colocados para perceber que a condescendência estatutária que lhes concedem alguns pesquisadores ditos "puros" mascara com frequência a ansiedade ou a insatisfação de uma pesquisa que não encontra sua justificação nem do lado das realizações científicas nem do lado das aplicações práticas (pode mesmo ocorrer que, de posse das satisfações e justificações sociais que lhes asseguram suas atividades, vejam claramente as funções compensatórias que desempenham os engajamentos políticos mais ou menos ostensivos dos pesquisadores "puros", aos quais custa assumir a gratuidade social de uma atividade científica incapaz de obter o pleno reconhecimento científico).

A força relativa das duas posições opostas varia, de um lado, em razão da evolução científica (por exemplo, com o aparecimento de novas disciplinas, como a genética molecular), e, de outro, de modo bastante direto, em razão da conjuntura política, e também, de forma mais subterrânea, segundo o estado da conjuntura econômica e social e da problemática dominante nos meios dirigentes e no seio da instituição: algumas das mudanças mais características da política científica da direção, como a colocação entre parênteses da missão finalista do INRA e a vontade de transformar o instituto em organismo de pesquisa avançada, competitiva no plano internacional, têm coincidido (sem que se possa estabelecer uma relação de causa e efeito) com a crise da legitimidade da agricultura produtiva, sustentada pela política agrícola para a qual o INRA tem contribuído fortemente. É em razão desses dois conjuntos de fatores que varia o sentido que é atribuído às grandes categorias de tomadas de posição sobre os grandes debates (como aqueles que, hoje, suscitam as contradições entre os imperativos de crescimento e de produtividade e a preocupação em conservar o patrimônio) e as relações de força simbólica entre aqueles que defendem, por exemplo, a produtividade e aqueles que se atêm à defesa do patrimônio, cujos interesses estão ligados a diferentes estados do mundo econômico e social e do campo da instituição.

E o mal-estar que é fortemente sentido no INRA, hoje, explica-se talvez pelo fato de que essa instituição perdeu (ou está perdendo) o reconhecimento incondicional que lhe devotava o meio agrícola (tanto por meio de suas instâncias sindicais como dos próprios agricultores, referentes exaltados de um discurso habitualmente populista), sem adquirir plenamente o reconhecimento científico internacional que, desde os anos 70, parece ter se tornado o objetivo principal, se não o exclusivo, dos dirigentes.

Ir além das aparências e das falsas antinomias

Cuidarei para não ir além dessas hipóteses, que a pobreza da informação disponível, especialmente a propósito da origem social dos pesquisadores e de sua evolução ao longo do tempo, impede de verificar. O que é certo é que as oposições declaradas mascaram o fato de que, como certamente uma análise sociológica sistemática o mostraria, as visões polêmicas e parciais que cada um dos dois "campos" produz para as necessidades de sua própria justificação deixam escapar, ao mesmo tempo, as propriedades e os interesses comuns e as justificações não exclusivas vinculadas às duas funções a que se propõe oficialmente a instituição.

Basta assumir o ponto de vista objetivante que implica a construção do universo do INRA como campo para ver-se que a originalidade da instituição e o princípio dos antagonismos que a dividem outra coisa não é que a dupla definição das funções que ela assinala para a pesquisa e que a faz reunir, no seio da própria organização, dois momentos de toda empresa de produção científica comumente separados (por exemplo, no domínio da pesquisa farmacêutica), o momento da *invenção* e o momento da *inovação*, entendida no sentido que a tradição econômica dá a essa palavra, isto é, como transformação de invenções científicas em inovações geradoras de novos produtos e de novos lucros no mundo econômico.

Sabe-se que um dos problemas a resolver, para passar da invenção à inovação, e sobre o qual numerosos analistas têm refletido, é o da comunicação entre o campo científico e o campo econômico. Os desafios não são os mesmos, os fins não são os mesmos, os agentes têm filosofias de vida inteiramente diferentes, e até opostas, e, portanto, geradoras de profundos mal-entendidos: de um lado, a lógica da luta específica, interna ao campo; de outro, a pesquisa do lucro, da rentabilidade que leva a dar prioridade ao problema do *screening*, da indicação das invenções capazes de se tornar inovações (como descobrir as descobertas e os descobridores interessantes e, antes ainda, como estar informado disso) que remete ao problema dos *go between*, dos mediadores capazes de fazer vincular a informação e de assegurar o vínculo.

A originalidade indiscutível do INRA reside no fato de que ele reúne as duas categorias de personagens e as duas lógicas, científica e econômica, num mesmo espaço social e, mais precisamente, numa instituição pública (e talvez seja dessa constatação que é preciso partir para submeter à crítica a posição daqueles que, em nome da valorização da pesquisa, chegam às vezes a desejar uma espécie de privatização disfarçada ou declarada da instituição). Isso significa que as duas funções, invenção e inovação, pesquisa científica e pesquisa de aplicações e de produtos, cabem às instâncias pertencentes à mesma instituição, mas que sobretudo obedecem à mesma lógica que é a das instituições públicas, liberadas da pressão direta do mercado.

Um dos grandes paradoxos dos campos científicos é que eles devem, em grande parte, sua autonomia ao fato de que são financiados pelo Estado, logo colocados numa relação de dependência de um tipo particular, com respeito a uma instância capaz de sustentar e de tornar possível uma produção que não está submetida à sanção imediata do mercado (como parêntese, as homologias são absolutamente evidentes com certo número de produções culturais, como a música ou a pintura de vanguarda). Essa dependência na independência (ou o inverso) não é destituída de ambiguidades, uma vez que o Estado que assegura as condições mínimas da autonomia também pode impor constrangimentos geradores de heteronomia e de se fazer de expressão ou de transmissor das pressões de forças econômicas (por exemplo, as organizações agrícolas) das quais supostamente ele libera.

Encontra-se aí uma outra *falsa antinomia*, que a análise pode facilmente dissolver: pode-se adotar como estratégia servir-se do Estado para liberar-se da influência do Estado, para lutar contra as pressões exercidas pelo Estado; pode-se tirar partido das garantias de autonomia que o Estado dá – por exemplo, as posições, *tenures* como dizem os anglo-saxões, de titular irremovível – para afirmar sua independência com relação ao Estado. Este, diga-se de passagem, não possui ele próprio, em sua realidade, o caráter monolítico evocado pela noção de aparelho: os diferentes ministérios, os diferentes serviços de um mesmo ministério ou os diferentes corpos são separados por toda espécie de discordâncias que são fáceis de explorar e, em especial em matéria de pesquisa, não têm os mesmos objetivos nem os mesmos órgãos de seleção de projetos e de avaliação de resultados.

O primeiro ato de uma ciência social realmente científica consistirá em tomar por objeto de análise a construção social dos objetos de estudo propostos pelas instâncias estatais à sociologia – por exemplo, hoje, a delinquência, as "periferias", a droga etc. – e as categorias de análise que os acompanham e que são acionadas sem problema pelas grandes instituições de pesquisa estatais, INSEE, CREDOC,[8] sem falar dos institutos de opinião, a propósito dos quais já me referi à ciência sem cientista.

A questão da autonomia, no entanto, não se põe em termos tão diferentes do lado do polo do campo do INRA, ao qual incumbe mais particularmente a inovação, e que pode, ele também, reivindicar e afirmar sua independência, tanto com relação ao Estado quanto com relação às forças econômicas e sociais, servindo--se, se for o caso – acham-se exemplos no passado do INRA – da independência que lhe assegura o Estado e o financiamento estatal – por oposição aos contratos que já implicam uma ameaça de heteronomia – para definir ele mesmo seus próprios objetivos de pesquisa, sua própria demanda de interesse geral que nenhuma instância privada poderia formular ou financiar, em

---

8 CREDOC – Centre de Recherches, d'Études et de Documentation sur le Consommation (Centro de Pesquisas, Estudos e Documentação sobre o Consumo). (N. T.)

matéria, por exemplo, de desenvolvimento da produtividade das empresas agrícolas ou de defesa do patrimônio natural.

Não estou certo de que os dirigentes da instituição, ocupados que estão, em todos os momentos, em tentar reduzir a ameaça de divisão entre os práticos e os pesquisadores, em nome de uma ideologia conciliadora (se falará, por exemplo, de "pesquisa básica orientada" e uma parte importante do esforço de todas as comissões sucessivas, sobre o futuro do INRA, sobre suas funções etc., visará operar a conciliação mais ou menos mágica dos contrários, por exemplo, as exigências dos universitários e as expectativas dos utilizadores dos resultados), tenham consciência dos interesses e das obrigações que todos os pesquisadores, "puros" ou "aplicados", têm em comum, na condição de membros de uma instituição do Estado, portanto investida de uma vocação universal, transcendente aos interesses categoriais que vão junto, comumente, com os financiamentos privados.

Seria preciso substituir o ecumenismo verbal e ineficaz e todos os discursos piedosos sobre a "demanda social", suas exigências e seus prejuízos por uma reflexão aprofundada sobre os *contratos* que visam definir não as posições de princípio, abstratas e gerais, pró ou contra os contratos, mas princípios práticos de gestão desses contratos (penso nisso que consiste em só aceitar os problemas conforme a problemática do grupo de pesquisadores – o que, a experiência nos mostra, não é tão óbvio – ou mesmo – é um preceito que tentei utilizar em meu grupo de pesquisa – só aceitar contratos sobre problemas já estudados, ou, mais precisamente, "vender" pesquisas já feitas para financiar pesquisas em curso ou em projeto, portanto definidas segundo a própria lógica da pesquisa e não da demanda). Esses problemas, a pesquisa dita aplicada e a pesquisa dita pura, para além de todas as diferenças que as separam, os têm em comum e poderiam trabalhar para encontrar soluções comuns para eles.

O confronto de visões antagonistas que opõe a autonomia dos pesquisadores ditos "puros" à heteronomia dos pesquisadores "aplicados" impede de ver que aquilo que se confronta; na realidade, são duas formas, ambas relativamente autônomas de pesquisa, uma voltada, antes, pelo menos na intenção, para a invenção científica e participante (bem ou mal) da lógica do campo científico, a outra voltada, antes, para a inovação, mas igualmente independente, para o melhor e para o pior, das sanções do mercado e capazes de designar, para si própria, fins igualmente universais de serviço público e de promoção do interesse geral. De onde, fora das associações e de movimentos destituídos, mais frequentemente, dos recursos científicos necessários para a defesa de sua causa, se falaria, se o INRA não estivesse lá para fazê-lo, do patrimônio genético representado pelas espécies vegetais ou animais ameaçadas, de proteção de ecossistemas ou ainda de defesa dos recursos não renováveis?

Evidentemente essa dualidade de funções tem por efeito permitir a alguns fazer um jogo duplo e invocar consciente ou inconscientemente as exigências de aplicação para esquivar-se das exigências da invenção e reciprocamente. Denunciar essas falhas faz parte dessas finezas de semi hábeis às quais se sacrificam, de bom grado, os semissociólogos, imediatamente aprovados pelos administradores que se apoiam sobre suas falsas constatações pessimistas para dar uma forma de autoridade às suas intervenções normativas ou repressivas.

Mais difícil, mais justa e mais necessária é a compreensão da lógica, sem dúvida bastante misteriosa, dessa instituição que reúne duas concepções da autonomia, duas concepções da pesquisa, duas concepções da invenção (a invenção propriamente dita e a inovação) que, embora muito diferentes, repousam sobre o mesmo fundamento econômico, a saber, a liberdade relativa com relação à pressão econômica proporcionada pela assistência do Estado e que são perfeitamente compatíveis e mesmo complementares.

Algumas proposições normativas

É por isso que, se posso me permitir enunciar recomendações que ninguém me pediu, direi que em vez de desperdiçar tanta energia em disputas internas, que só têm por efeito desenvolver uma forma perversa, exasperada e estéril de lucidez (lucidez, por vezes total e nula porque sempre parcial e destinada a justificar uma forma mais profunda de cegueira), os membros do INRA deveriam unir seus esforços para desenvolver e acentuar o que faz a sua especificidade, isto é, a dualidade de funções da pesquisa: longe de se opor como autônomas e heterônomas, as pesquisas ditas básicas e aplicadas – que, aliás, jamais são tão básicas que não tenham alguma implicação na ordem das aplicações e nem jamais tão estreitamente aplicadas que não tenham algum fundamento ou prolongamento na pesquisa básica – têm em comum serem igualmente autônomas e inscritas na lógica universalista de uma instituição estatal consagrada e dedicada ao serviço público e ao interesse geral.

Uma política que visa desenvolver as vantagens competitivas potenciais da instituição ou, o que vem a dar na mesma, sua justificação social (e a satisfação de seu pessoal, que depende muito do sentimento de ter uma justificação ou uma razão de ser sociais) deveria trabalhar ao mesmo tempo, e sem contradição, para *acentuar a diferenciação* das funções e das estruturas que, supostamente, as servem (com o efeito, entre outros, de tornar mais difíceis os jogos duplos, conscientes ou inconscientes) e para a *integração* dos diferentes agentes e instituições num projeto coletivo comum, mediante uma organização sistemática da circulação da informação (seminários comuns, projetos de pesquisa que integrem o aspecto invenção e o aspecto inovação; logo, os departamentos e os pesquisadores correspondentes etc.). É evidente que para ser um verdadeiro fator de integração numa definição clara e claramente aceita por todos, portanto cientificamente eficaz e politicamente democrática da divisão do trabalho científico, o reforço consciente da diferenciação das funções (que, certamente, implica a supressão ou o enfraquecimento de um certo número de grupos ou de departamentos que vivem e sobrevivem da ambiguidade de funções) supõe uma profunda *desierarquização* dessas funções que deve ser operada por todos os meios e de início, nos cérebros (o que não é o mais fácil).

Essa "desierarquização" é uma das condições da construção de verdadeiros objetivos comuns, dos quais o mais importante seria, certamente, a organização da luta coletiva pela defesa da autonomia (da qual já dei um exemplo a propósito da política de contratos). Uma tal luta suporia, evidentemente, a construção, contra todos os fatores de desagregação de um patriotismo ou de um "sentimento de dignidade da instituição", isto é, de uma solidariedade na concorrência entre todos os pesquisadores sem distinções (inventores e inovadores unidos) cujos vereditos informais (a reputação, o prestígio etc.) por vezes difusos, não formulados e profundamente ressentidos e respeitados, ou formais (publicações em revistas prestigiosas, prêmios especiais etc.) seriam capazes de se impor como única medida e única sanção prática e imediata das realizações e das falhas em matéria de inovação, princípio de avaliação comum aos inventores e aos inovadores; e ao mesmo tempo, opor uma força social indiscutível aos próprios responsáveis administrativos e também às autoridades externas e às suas injunções ou seduções.

Deve ter ficado claro que me parece inteiramente desejável reforçar a capacidade coletiva de resistência que os pesquisadores devem ter, apesar das concorrências e dos conflitos que os opõem, para estar em condições de resistir às intervenções mais ou menos tirânicas dos administradores científicos e de seus aliados no mundo dos pesquisadores (e na "sociologia de plantão", pronta a se fazer valer, propondo os critérios "indiscutíveis" úteis para fundamentar as decisões de um despotismo esclarecido).

De fato, é claro que, ao supor que se aceita levar em conta os objetivos que proponho, isto é, o reforço simultâneo da diferenciação e da integração, toda burocracia da pesquisa (refiro-me aos responsáveis administrativos da instituição) teria, certamente, por primeiro reflexo, solicitar a uma comissão um trabalho para esclarecer e reduzir a imprecisão, propondo, com a ajuda de um desses "gabinetes assessores" (ou congêneres) que vendem, com altos custos, dispositivos tecnocráticos, tais como a "cientometria" ou a "bibliometria", novos sistemas de critérios capazes de fundar "cientificamente" decisões burocraticamente impecáveis.

Mas a imprecisão do sistema de critérios, com geometria variável, que são efetivamente levados em conta nas decisões de recrutamento e de progressão (e que seria preciso extrair de uma análise metódica de uma amostra de resultados de concursos) favorece, de forma por demais evidente, as manobras do aparato para que se possa esperar dos homens do aparato, digam o que disserem, que eles trabalhem realmente para reduzi-lo e combatê-lo. Além disso, por mais importante que tal medida possa ser em seu princípio, ela não poderia bastar para transformar profundamente o funcionamento da instituição.

E sob o risco de me intrometer no que uma instituição científica tem de mais íntimo e mais sagrado, isto é, o conjunto de mecanismos e procedimentos pelos quais ela assegura sua reprodução, gostaria, apoiando-me sobre o conhecimento geral que eu possa ter do funcionamento das instituições científicas, de chamar a atenção para o fato de que os discursos reformadores nesses assuntos, em especial quando emanam das instâncias dirigentes, repousam sobre uma profunda hipocrisia.

Se penso que medidas administrativas visando melhorar a avaliação da pesquisa e colocar em prática um sistema de sanções (como os "pontos da escala de progressão na carreira") próprias para favorecer as melhores pesquisas e os melhores pesquisadores seriam as mais ineficazes e teriam como efeito, mais provavelmente, favorecer ou reforçar as disfunções que supostamente deveriam ser reduzidas, é porque tenho sérias dúvidas e seriamente fundadas sobre a capacidade das instâncias administrativas para produzirem avaliações realmente objetivas e inspiradas. E isso, fundamentalmente porque o fim real de suas operações de avaliação não é a da própria avaliação, mas o poder que ela permite exercer e acumular controlando a reprodução do corpo (especialmente mediante a composição das comissões examinadoras).

Aqui, no entanto, como em outros lugares, a questão é saber quem é legítimo para julgar e quem será juiz da legitimidade dos juízes. Para simplificar, direi que a questão do justo julgamento se remete, praticamente, à questão da adequação e da justiça da escolha dos juízes ou, para avançar um pouco, da escolha daqueles que têm condições de instituí-los como tais (compor as comissões examinadoras) e de fixar – mediante as comissões que eles instituem – os critérios segundo os quais eles deverão julgar.

E chega-se, pois, aos responsáveis pela administração da instituição, aos administradores científicos. É notável que essas pessoas que só falam de critérios de avaliação, qualidade científica, valor do dossiê científico, que se precipitam com avidez sobre os "métodos cientométricos" e "bibliométricos" e que são apreciadores de auditorias imparciais e objetivas (destinadas, em geral, a produzir, com grandes despesas, constatações triviais e proposições inúteis, como a auditoria recente sobre os procedimentos de avaliação do CNRS) sobre o rendimento científico das instituições científicas isentam se eles próprios de qualquer avaliação e colocam-se cuidadosamente ao abrigo de tudo o que poderia levar a aplicar às suas práticas administrativas (e não somente a suas práticas científicas como o faz a polêmica comum) os procedimentos dos quais preconizam, tão generosamente, a aplicação.

Ora, creio fortemente que um certo número de disfunções estruturais só poderá ser reduzido submetendo os responsáveis pela organização aos critérios que eles pretendem impor aos outros, ou pelo menos ao equivalente específico dos procedimentos de avaliação que eles preconizam. À elaboração de critérios de invenção e de inovação em matéria científica e econômica, seria preciso acrescentar critérios em matéria de *inovação organizacional* e conferir um reconhecimento explícito aos agentes capazes de brilhar segundo esses critérios. O que teria, talvez, por efeito, a mais ou menos longo prazo, atrair em direção às posições administrativas não os pesquisadores (de invenção ou de inovação) medíocres ou em declínio ou, muito simplesmente, ambiciosos e carreiristas (como é o caso, quase sempre, hoje, com todas as consequências que logicamente se seguem, especialmente em matéria de avaliação), mas de verdadeiros *empreendedores específicos.*

Esses dirigentes de um novo tipo se atribuiriam como objetivo, à moda de alguns editores ou diretores de galerias, agir como descobridores capazes de favorecer pesquisadores atípicos, de animar e organizar empresas coletivas, elaborar os editais de maneira a ajudar os pesquisadores menos experientes a conciliar as demandas externas com as exigências internas; logo, de se comportarem menos como executivos encarregados de sancionar do que como *preparadores* encarregados de estimular, assistir, apoiar, encorajar e organizar não só a pesquisa, mas também a formação (por programas de educação permanente e de interformação) e a circulação da informação científica.

Uma conversão coletiva

Por todas as razões que acabo de enunciar, e ainda por outras que seria preciso evocar com detalhes e que são também sistematicamente omitidas ou ignoradas pelas comissões de reformas de todas as ordens (sem falar da "avaliação coletiva" à qual os laboratórios do INRA são submetidos), é claro que uma política científica verdadeiramente conforme aos interesses da instituição (e não daqueles que a dirigem) não pode ser elaborada e instaurada por decreto (daqueles que a dirigem, por mais esclarecidos que sejam). E só uma reflexão coletiva, capaz de mobilizar todas as forças vivas da instituição (e em particular, os pesquisadores mais ativos e mais inspirados, sobretudo entre os mais jovens) e todos os seus recursos (que seria preciso recensear e mobilizar e dar a conhecer a todos os membros da instituição), poderia conduzir a essa espécie de conversão coletiva que é a condição de uma verdadeira atualização.

Sou bem consciente de que à imensidão de vantagens que tal conversão coletiva – porque é bem disso que se trata – poderia trazer, tanto para a invenção científica quanto para a inovação econômica, corresponde a imensidão de obstáculos sociais que se opõem na prática a uma tal transformação de toda a representação da divisão do trabalho científico e, mais profundamente, da maneira de perceber os outros e de perceber a si mesmo. A demolição, que mal comecei a esboçar, de todo o conjunto desordenado de prenoções, de pressupostos, de preconceitos que constrói a sociedade espontânea dos agentes em concorrência (e que ratifica, a pretexto de objetivar, a má sociologia) é só um primeiro passo, que eu creio absolutamente decisivo, para uma espécie de liberação coletiva.

O movimento para ir além e operar essa socioanálise coletiva, que é a condição absoluta de uma verdadeira conversão coletiva, só pode, no entanto, ser executado, ao preço de um longo trabalho de cada um sobre si mesmo e sobre todos os outros, pelo conjunto do grupo. Por isso, o essencial seria organizar instâncias de discussão em que – eventualmente com a participação e a assistência modestas, mas creio inteiramente necessárias, de sociólogos – todos os membros da instituição fossem levados a se exprimir e a pensar coletivamente e, para além de toda imposição ou sanção hierárquica, os problemas que as diferentes categorias de pesquisadores podem ter em comum e que podem dividi--los e opô-los. Nos lugares de confronto ou discussão comuns, pequenos grupos de discussão, expostos ao rumor ou à tagarelice, partidos, associações ou sindicatos, expostos a todas as *self deceptions* dos sistemas de defesa coletiva, comitês ou comissões, expostos às falsas comprovações realistas e aos votos piedosos do jargão burocrático, esses problemas são menos discutidos do que deslocados para formas fáceis de denúncia ou de "politização".

Tenho a convicção (é meu lado *Aufklärer*) de que se pode tirar de uma visão realista, mas não desencantada da vida científica, preceitos ou máximas, procedimentos e processos, especialmente em matéria de organização da discussão e da circulação da informação que permitiram tornar a prática e a vida científica ao mesmo tempo mais eficazes e mais felizes ou menos infelizes (porque é claro que uma das funções maiores de todas as representações antagônicas que produzem as diferentes categorias de pesquisadores é a de conjurar e exorcizar todas as formas específicas de infelicidade ou de miséria que estão ligadas à inserção num campo científico estruturalmente destinado a proporcionar muito mais fracasso do que sucesso).

E penso que, apoiando-se sobre uma análise rigorosa dos campos científicos, tal como eles são realmente, podem-se propor os princípios concretos de uma *Realpolitik* da razão. Diferentemente de uma filosofia da "ação comunicativa" tal como a de Jürgen Habermas, teórico alemão muito respeitável e hoje muito ouvido, que atribui um lugar considerável aos problemas e às normas da comunicação nos espaços sociais como o campo político, essa *Realpolitik* da qual estou tentando dar uma ilustração propõe que, para que se realize o ideal que se dá como a verdade da comunicação, é preciso agir sobre as estruturas nas quais se concretiza a comunicação, por uma ação política, mais específica, isto é, capaz de atingir os obstáculos sociais específicos da comunicação racional e da discussão esclarecida.

Ainda que os campos científicos sejam universos de exceção (e tanto mais quanto são mais autônomos), nem tudo é para o melhor, eu o disse, no melhor dos mundos científicos possíveis, e há obstáculos sociais à instauração da comunicação racional que é a condição do progresso da razão e do universal. Portanto, é preciso lutar praticamente, isto é, politicamente (no sentido específico do termo), para dar força à razão e às razões, apoiando-se para tanto no que já se pode ter de razão realizada na historicidade do campo.

Mas não nos enganemos, as lutas de que falo (em particular, as lutas para a defesa da autonomia, para a defesa das condições econômicas e sociais que jamais são adquiridas de uma vez por todas, como creem alguns dos defensores da retirada e da reclusão na torre de marfim) são lutas específicas que se trata de fazer com armas específicas, no próprio interior de cada campo, em vez de deslocá-las, como acontece tão frequentemente, para outros domínios, como os da política comum.

Nada é mais funesto, com efeito, do que a "politização" no sentido corrente do termo, do campo científico e das lutas que aí se desenrolam, isto é, a importação dos modelos políticos para o campo científico – que é muito praticada na França, inclusive no INRA. A "politização" é quase sempre obra daqueles que, quer se trate de dominantes temporais (e temporários) quer de dominados, são os mais fracos segundo as normas específicas e têm, portanto, interesse na heteronomia (é o que chamo a lei de Jdanov): fazendo intervir poderes externos nas lutas internas, eles impedem o pleno desenvolvimento das trocas racionais.

Dito isso, o que torna as coisas muito complexas e os jogos duplos tão fáceis é que as lutas mais específicas em matéria de arte, de literatura ou de ciência não são totalmente desprovidas de consequências no espaço social global. A defesa do que há aí de mais específico por lutas autônomas – por exemplo, tal luta dos artistas americanos contra a censura – pode ter efeitos políticos. E sobretudo a defesa da autonomia dos campos científicos, em especial, e do campo das ciências sociais, em particular, é por si um ato político, especialmente num momento e em sociedades nas quais os homens políticos e os dirigentes econômicos se armam, sem cessar, da ciência, econômica principalmente, não para governar, como o querem fazer crer, mas para legitimar uma ação política inspirada por razões que nada têm de científicas.

Depois desse longo parêntese, importante, creio eu, para evitar mal-entendidos sobre minhas intenções, volto às minhas questões, isto é, ao INRA e ao que poderia ser uma *Realpolitik* da razão visando integrar essa instituição de duplo fim em e por um domínio coletivo e concertado de sua diferenciação estrutural e funcional. Tratar-se-ia de instaurar e fazer funcionar um dispositivo de discussão coletiva orientado para a invenção de novas estruturas organizacionais próprias para favorecer essa integração na diferenciação.

Tenho o hábito de dizer, generalizando uma observação de Max Weber a propósito do papel respectivo do progresso das armas de fogo e das formas de organização das Forças Armadas (com invenções como a falange), que também no domínio da ciência os grandes progressos estão ligados às invenções organizacionais (como o laboratório ou o seminário) no caso particular, com invenções concernentes à maneira de fazer trabalhar em conjunto pesquisadores dotados de interesses diferentes porque inseridos em campos dotados de lógicas quase antagônicas. É também graças a um tal dispositivo que se poderia dar algumas possibilidades de colocar convenientemente e resolver verdadeiramente, para além de todas as mentiras para si mesmo, individuais e coletivas, a terrível questão da "demanda social", das condições nas quais ela pode e deve ser definida e elaborada e nas quais se pode e se deve a ela responder eficazmente. Mas ficarei por aqui, por hoje.

Discussão

Pierre Bourdieu: Responderei primeiro a duas questões que me foram colocadas durante o intervalo, por M. Raymond Février, antigo diretor-geral do INRA. A primeira trata das relações entre a posição do professor e a do pesquisador; a segunda trata dos problemas postos pelo enorme afluxo de documentação com o qual somos confrontados pelo desenvolvimento dos meios de comunicação.

A posição do professor, em qualquer nível que seja, me parece, de fato, muito dificilmente compatível com a posição do pesquisador. Pode-se objetar que existem posições de professor-pesquisador, que há um certo número de instituições, de instituições hospitalares, de laboratórios de pesquisa etc., onde estruturas pedagógicas estão integradas à pesquisa. Infelizmente, o que se chama ensino, de modo corrente, são lugares de transmissão codificada, rotinizada do saber, e uma parte considerável da inércia dos campos científicos vincula-se ao atraso estrutural resultante do fato de que as pessoas que ensinam são comumente desconectadas da atividade de pesquisa. Assim, bizarramente, não é exagerado dizer que o ensino é, em parte, um fator de inércia. Os professores têm interesses inconscientes pela inércia. Uma vez que não estão diretamente conectados à pesquisa viva, são solidários da rotina, pelo simples fato de estarem, estatutariamente, um pouquinho à margem, e eles têm, mesmo, às vezes, um interesse inconsciente em desqualificar o que é eminente. Isso é particularmente visível nas disciplinas literárias, nas quais o professor permaneceu como um *lector*, no sentido medieval do termo, que tem uma espécie de desconfiança com relação aos *auctores*, inventores, criadores etc. Mas o mesmo fenômeno observa-se em medicina e em ciência. Assim como, segundo Weber, o padre rotiniza a mensagem do profeta, o professor rotiniza, banaliza o discurso do criador, em particular, fazendo desaparecer o que é fundamental, isto é, o problema tal como o colocou o criador.

No que concerne à invasão de documentos, acredito que seria preciso fazer um estudo empírico sobre o que se lê realmente. Quando vejo as referências que são citadas nas *footnotes* de artigos científicos, sobretudo anglo-saxões, e a maneira pela qual elas são utilizadas, penso frequentemente que haveria motivos para testar o que é, realmente, lido. Seja o que for, esse problema da invasão pela documentação é inteiramente real e deveria ser abordado nos lugares de reflexão. Isso faz parte desses problemas verdadeiramente importantes que, em sua maioria, jamais são discutidos. Cada um se arranja, na intimidade. Cada um os resolve a seu modo, de maneira um pouco envergonhada, nem sempre muito honesta, nem muito racional, quando, segundo penso, eles deveriam ser tratados nos espaços de discussão científica. Então, assim se descobriria que muitos dos problemas, com frequência, vividos no drama e na ansiedade nada têm de pessoal e que os pesquisadores, pessoalmente, não têm grande coisa a ver com eles, o que teria por efeito dissipar muitas falsas angústias.

A vida científica é extremamente dura. Os pesquisadores estão expostos a sofrer muito e eles inventam uma porção de estratégias individuais destinadas a atenuar o sofrimento. Os coletivos de reflexão permitiriam abordar e tratar essas questões de frente. O movimento feminista tentou, num dado momento, trabalhar assim, encorajando os coletivos de testemunhos. Sob o risco de parecer ingênuo, diria que haveria um lugar para coletivos de testemunhos de sofrimento científico. Eu lhes asseguro que há material.

Questão: *O senhor insiste muito na defesa da autonomia, mas não diz como essa defesa pode ser conciliada com a preocupação da abertura e da sensibilidade da ciência aos problemas que se põem na sociedade e aos problemas da inovação que obrigam o pesquisador a sair dos limites do campo.*

Pierre Bourdieu: Encontra-se aí uma dessas falsas antinomias que a noção de campo permite desfazer. A alternativa escolar do engajamento e da torre de marfim é um falso problema. Em duas palavras, o arquétipo inaugural do engajamento intelectual é representado pela ação de Zola no momento do caso Dreyfus. Um escritor, num certo momento, faz um ato político, mas como escritor (e não como homem político). Se um tal ato foi possível, é porque nessa época um campo literário autônomo havia se constituído há pouco: iniciado desde o século XVI, o campo ascende à plena autonomia no século XIX. E é sobre a base dessa autonomia conquistada que o erudito ou o escritor se destaca e vai ao campo político para dizer, com a autoridade que lhe dá seu capital específico autônomo de erudito ou de escritor, que tal decisão não é aceitável, que ela é contrária aos valores inerentes ao seu campo, isto é, no caso do escritor, os valores de verdade. Em outras palavras, quanto mais se é autônomo, mais se tem chance de dispor da autoridade específica, isto é, científica ou literária, que autoriza a falar fora do campo com uma certa eficácia simbólica.

O princípio de toda *Realpolitik* da razão, que eu prego, consiste em acumular o máximo possível de autoridade específica para fazer dela, se for o caso, uma força política sem, é claro, para isso tornar-se um homem político. O erudito ou o literato que sai do campo para exprimir-se apoiando-se sobre sua autoridade específica retorna a seguir para os seus amados estudos. O que eu desejaria muito é que isso que se chama comunidade científica – que, aliás, não é uma comunidade, mas um campo com concorrências etc. –, numa palavra, que os eruditos, os artistas, os escritores se constituíssem pouco a pouco em instância coletiva capaz de intervir como uma força política para dar opinião sobre problemas que são de sua competência. Um dos obstáculos a tais iniciativas são os hábitos mentais. Quando defendem tais interesses, os intelectuais, artistas, eruditos etc. têm sempre a impressão de que se sacrificam ao corporativismo. Só se sentem universais quando defendem interesses que não são os seus e quando se fazem porta-vozes de uma "demanda social", ou melhor, de uma "causa" universal. Ora, penso que deveriam começar por afirmar sua autonomia, por defender seus interesses específicos, isto é, para os eruditos, as condições da cientificidade etc. e, sobre essa base, intervir em nome dos princípios universais de sua existência e em nome das conquistas do seu trabalho.

Por que, então, os artistas, os escritores e os eruditos não participariam eles próprios da definição da demanda social? Armados das conquistas do trabalho dos sociólogos e dos conhecimentos especializados que possuem os eruditos, eles poderiam intervir eficazmente sobre problemas de interesse geral e não somente por iluminações e por eclipses, como hoje, quando os políticos passam da medida, mas sim de maneira corriqueira, constante. Os eruditos estariam, assim, continuamente presentes no debate social ou político, e creio que isso contribuiria para esclarecer bem os problemas. Eles poderiam, aliás, começar por contribuir diretamente para definir a famosa demanda social em matéria de pesquisa científica. Se existisse uma estrutura de deliberação coletiva, capaz de ultrapassar as divisões que evoquei, ainda agora, entre teóricos, práticos, básicos, aplicados, homens, mulheres e todo o resto e que enunciasse as questões, ao mesmo tempo, importantes e urgentes, certamente isso seria uma boa coisa tanto para a ciência como para a sociedade. O INRA deveria poder funcionar assim, pelo menos a propósito dos problemas que lhe são estatutariamente atribuídos e que são de sua alçada.

Questão: *O senhor poderia precisar mais as relações entre campo político e campo científico, em particular voltando à noção de "demanda social" que é essencialmente apresentada ao cientista pelo político?*

Pierre Bourdieu: Abordei esse problema à minha maneira, porque penso que a afirmação da autonomia é o primeiro princípio e espero tê-los convencido de que essa afirmação nada tem a ver com uma fuga sonhadora. É claro que isso pode e deve se retraduzir em proposições concretas, a serem imaginadas. Seria preciso, por exemplo, constituir grupos de trabalho *ad hoc* e dar provas de imaginação jurídico-organizacional, reivindicar, por exemplo, que os pesquisadores estejam representados em muitas das instâncias nas quais se preparam as decisões públicas, para aí introduzir o ponto de vista da ciência. Em suma, seria preciso inventar e inovar, de tal maneira que essa maldita demanda social não possa ser definida nas nossas costas.

E parece-me que uma *Realpolitik* orientada para a defesa da autonomia poderia se deter, com prioridade, num estudo sociológico da gênese real do que se chama hoje demanda social. Patrick Champagne poderia, por exemplo, lhes dizer, melhor do que eu, que uma parte enorme dos problemas ditos sociais são, na realidade, produtos de uma espécie de circulação circular entre os jornalistas, que em boa parte saem da Escola de "Ciências Políticas", já que os professores dessa escola contratados pelos institutos de opinião transformam as questões da Escola de "Ciências Políticas" em questões para as pesquisas, cujos resultados são dissecados e comentados pelos analistas e jornalistas que fizeram eles próprios tal curso etc. E é assim que se constituem as problemáticas de opinião, esse conjunto de problemas que não têm quase nada de pertinente, mas que de bom ou de mau grado todos nós temos na cabeça. As ciências sociais são mais expostas do que as outras ciências a esse perigo, e, quando, acreditamos responder a problemas autônomos, isto é, postos por nós mesmos para nós mesmos, estamos sempre expostos a responder problemas que realmente são constituídos segundo esses processos.

É por isso que uma das particularidades do nosso grupo de pesquisas tem sido sempre interessar-se, ao mesmo tempo, por seu objeto e pelos instrumentos de conhecimento desse objeto: as problemáticas, os sistemas de classificação, os instrumentos de codificação etc., todas essas coisas que, comumente, são evidentes. Por exemplo, as pesquisas demográficas do INED[9] e seu sistema de codificação ocultam, em si, uma teoria da família. Evidentemente, quando vocês dizem isso aos pesquisadores do INED, eles respondem que vocês são politizados! Eles acreditam-se "neutros". Os mais belos trabalhos de Remi Lenoir mostram como, mediante a ação de uma combinação de pensadores e de pesquisadores majoritariamente católicos, uma filosofia da família com tonalidade cristã habita todos esses questionários e, sob a forma de categorias e de enunciados de aparência inteiramente anódina, "chefe de família" etc., produz dados pré-constituídos que são, a seguir, tratados como se se tratasse de estatísticas tão objetivas quanto as da pluviometria... Sugeri, mesmo, recentemente, a um pesquisador estudar os editais das instituições europeias que, confrontados com a política econômica dessas instituições, dão uma boa ideia da divisão do trabalho entre a economia e a sociologia, tal como a concebem as autoridades políticas.

Questão: *Uma observação: a propósito dos usos sociais da ciência que foram o tema desta conferência,*

---

9 INED – Institut National d'Etudes Démographiques (Instituto Nacional de Estudos Demográficos). (N.T.)

o senhor tratou amplamente e em definitivo dos usos sociais que se podem fazer das conquistas da sociologia no próprio campo científico e no que a sociologia pode ajudar no funcionamento do campo científico. Mas quais seriam os usos sociais da ciência no exterior do campo científico? Quem se apodera dos resultados da ciência e para produzir quais efeitos sociais? Essa questão se põe, por exemplo, a propósito das relações entre as ciências e as mídias, pelas quais o senhor se interessou recentemente. Por outro lado, e é uma alusão à La misère du monde, *quais são os usos sociais que a sociologia pode fazer de seus próprios resultados para comunicá-los ao mundo social? Isso liga-se, em parte, à questão que o senhor evocou há pouco, do momento de devolver ao mundo social os trabalhos que podem ser conseguidos graças à autonomia.*

Pierre Bourdieu: Isso põe muitos problemas ao mesmo tempo, mas tentarei responder! Sabendo que o público de hoje se dividiria num grande número de disciplinas diferentes, esforcei-me, quando pude, por falar das ciências em geral, mas evidentemente a sociologia tem sua posição inteiramente particular e mesmo perfeitamente singular. Dito isso, a sociologia, por causa da extravagância de sua posição, é, talvez, um revelador para as outras ciências, porque ela se confronta de maneira mais visível, mais crítica, às vezes mais dramática com problemas que as outras ciências podem fingir ter resolvido.

Por exemplo, a propósito do problema da restituição do saber, que você evocou, a primeira questão é saber se há uma obrigação de restituição do saber. A divulgação científica é uma espécie de injeção de ânimo para o pesquisador que envelhece, tranquilamente, ocupando de forma útil seu fim de carreira, ou é qualquer coisa que é constitutiva do ofício de erudito? De fato, os eruditos, quaisquer que sejam, deveriam, parece-me, se não trabalhar, eles próprios, pela divulgação dos resultados do seu trabalho, pelo menos trabalhar para controlar tanto quanto possível esse processo de divulgação; intervenção que se impõe a eles de maneira tanto mais imperativa quanto seus resultados podem ser usados num debate bem ou mal estabelecido.

Isso introduz o problema da relação com a televisão e com as mídias em geral. Se dei duas aulas sobre a televisão que foram publicadas sob a forma de um pequeno livro, foi uma lógica que se poderia chamar de missionária. Isso não me agradou nada, esse não era um tema sobre o qual eu trabalhava naquele momento, mas pensei que, do ponto de vista dos interesses da democracia, da discussão científica etc., fosse importante levar ao conhecimento de um público tão amplo quanto possível um certo número de resultados da pesquisa.

Um problema apresentado para todos os eruditos, em graus diversos, mas que se põe de modo particular para os sociólogos, uma vez que, supostamente, estes produzem a verdade sobre o mundo social, é o de restituir os resultados da ciência nos domínios em que esses resultados possam contribuir de forma positiva para resolver problemas que chegaram à consciência pública. Mas a função mais útil, em mais de um caso, seria dissolver os falsos problemas ou os problemas mal colocados. Evidentemente, se vocês estão com essa disposição, vocês nada têm a fazer na televisão, porque o pressuposto que é preciso aceitar, quando se é entrevistado na televisão, é o de levar a sério esses falsos problemas. Como fazem os falsos filósofos: seu verdadeiro ofício consiste em levar a sério os falsos problemas. Quando, na verdade, seriam necessários comandos de intervenção filosófica rápidos para destruir os falsos problemas, para funcionar como o Wittgenstein na vida de todos os dias e muito especialmente nas mídias. Em lugar disso, um editorialista vai tomar posição, um outro vai lhe responder, o campo jornalístico vai se pôr a funcionar plenamente, e vocês terão assim um "debate da sociedade" que produzirá uma demanda social etc.; e, finalmente, serão vocês os pesquisadores intimados a responder aos jornalistas: será preciso matar as vacas-loucas? Pode-se comer carne? É necessário clonar ou não? Ah, o clone é impecável. É como a eutanásia, um verdadeiro falso problema que faz um sucesso nas mídias!

Questão: Farei, de início, uma observação: o senhor falou de verdadeiros e falsos problemas e os exemplos que deu são inteiramente convincentes. Mas nem sempre é assim, sobretudo no próprio momento, quando falta distanciamento. Quando é que os problemas são verdadeiros e quando é que são falsos, mas com estatuto de problemas, eis o que não é tão fácil discernir... E concordo com o senhor: seria preciso dispor de uma pluralidade de espaços para debater isso e dar ao próprio questionamento uma polifonia suficiente para que se possa começar a vê-lo se projetar de modo plausível. Dito isso, minha questão é a seguinte: o senhor pensa que pode acontecer de os poderes estabelecidos ou mesmo de os movimentos sociais em oposição poderem interpelar o mundo científico para questioná-lo de qualquer lugar político que seja? E será que faz parte do papel das instituições e dos indivíduos cientistas aceitar compreender essas questões e, de uma forma ou de outra, arriscar-se a propor uma resposta, em quais condições? Porque a sociedade tem uma expectativa em relação aos cientistas. A demanda social, sou de pleno acordo com o senhor, não é tão simples, mas por vezes ela exprime, no entanto, claramente essa expectativa, ela a exprime justamente porque ela se faz compreender. Por exemplo, na Alemanha, no momento da crise do desaparecimento das florestas, houve uma demanda fantástica junto aos cientistas que, aliás, responderam extremamente mal.

Pierre Bourdieu: Essa questão é importante. Infelizmente, penso que há muito poucas demandas dirigidas aos cientistas e provenientes dos movimentos sociais, exceto o movimento ecológico que, por razões sociológicas, está em condições de fazê-las. De fato, é um movimento de pessoas dotadas de um alto nível de instrução cujo discurso empresta muito dos argumentos científicos. Ora, também no domínio da manifestação política que, se esquece, é uma maneira particularmente eficaz e legítima de formular e de constituir uma demanda social, uma boa parte das inovações está ligada ao nível de instrução. Assim, as grandes subversões simbólicas que foram feitas pelos estudantes americanos no momento da guerra do Vietnã eram manifestações com alto nível de investimento de capital cultural. Há, atualmente, muito poucos exemplos de movimentos de massas suscetíveis de dirigir questões aos cientistas. Tome-se o problema da poluição em Paris, do qual se fala cada vez mais, e vocês verão que os protestos emanam de meios muito cultos, muito favorecidos, que se esforçam para tentar suscitar uma demanda social.

Na realidade, há dois problemas: o de saber o que é preciso fazer das demandas que podem ser espontaneamente formuladas, articuladas, elaboradas, seja porque há pessoas que têm as capacidades culturais para formulá-las elas próprias, seja porque há, entre os porta-vozes políticos, religiosos ou outros, pessoas que têm interesse em formulá-las; e há o problema de decidir se é preciso limitar-se à demanda formulada (ou manifestada, especialmente nas manifestações) ou contribuir para explicitar as demandas não formuladas (por um trabalho de pesquisa empírica, por exemplo), ou mesmo, de algum modo, chegar até a formulá-las autoritariamente, como o fazem sempre os políticos.

Pode-se, realmente, pretender exprimir demandas virtuais, demandas potenciais mas não formuladas, o que é evidentemente muito perigoso. É em nome desse processo que místicas marxistas faziam falar os povos, com tudo o que isso implicava de perigos. E, no entanto, é verdade que não é possível contentar-se em aguardar que as questões se configurem de uma forma clara... Tomo um exemplo: penso que, atualmente, existe uma enorme demanda concernente ao sistema de educação que ninguém formula e sobretudo que ninguém quer entender! Há também uma enorme demanda concernente ao problema do trabalho, o problema da definição da divisão do trabalho, o problema do sentido do trabalho no mundo econômico atual. Mas como as grandes profecias escatológicas não são mais correntes, como é de bom-tom no meio intelectual dizer que tudo isso está ultrapassado, essas demandas não têm mais eco e são abafadas (é verdade que há muitos precedentes infelizes, dos ventríloquos que fazem falar o povo: "Eu sou o povo", dizia Robespierre...)

Dito isso, penso que uma das responsabilidades dos cientistas, no caso das ciências sociais, mas talvez mais amplamente, é também estar atento a todos esses problemas que não chegam a ter formulação. A produção de problemas, hoje, é compartilhada por aqueles que Platão chamou de "doxósofos". É uma palavra magnífica que se pode traduzir de duas formas e designar, à escolha, os eruditos da opinião ou os eruditos aparentes. Para mim, os doxósofos são os eruditos aparentes da opinião ou das aparências, isto é, os pesquisadores e os analistas de pesquisas, essas pessoas que nos fazem acreditar que o povo fala, que o povo não cessa de falar sobre todos os temas importantes. Mas o que jamais é colocado em questão é a produção dos problemas que são postos para o povo. Ora, esses problemas são engendrados segundo o processo circular de circulação entre pesquisadores, jornalistas e politicólogos que P. Champagne descreveu e que lembrei há pouco.

Mas, ao mesmo tempo, nós sabemos mediante numerosos trabalhos científicos, pela análise das não respostas principalmente nas pesquisas, que o poder de produzir uma opinião explícita é muito desigualmente repartido. Platão dizia "Opinar é falar". Ora, nada é mais desigualmente repartido do que essa capacidade, e essa constatação choca a boa consciência democrática: todas as pessoas são iguais, é o dogma. Ora, dizer que todas as pessoas são iguais diante da questão da opinião é um erro, é um erro político. Nem todo mundo tem os instrumentos de produção da opinião pessoal. A opinião pessoal é um luxo. Há pessoas, no mundo social, que "são faladas", por quem se fala, porque elas não falam, para as quais se produzem problemas porque elas não os produzem. E, hoje, chega-se mesmo, no grande jogo da mistificação democrática, até a dar oportunidade para que respondam a problemas que não seriam capazes de produzir. E se faz, então, que produzam falsas respostas que fazem esquecer que elas não têm questões.

Esse fenômeno da desigualdade no acesso à produção de opiniões explícitas, discursivas, é um fato muito importante, que dá uma responsabilidade enorme aos eruditos. E a questão que você colocou é essencial: devem eles suprir as insuficiências que podem constatar no trabalho de explicitação das expectativas sociais? E se são interpelados, devem responder ou não às questões que lhes são colocadas? Tudo bem pesado, respondo que sim, é evidente. Se se tem a oportunidade de ser interrogado, como erudito especialista num domínio qualquer, por um poder qualquer que seja, isso é tão raro, que é preciso responder. Muitas vezes, a questão é idiota, mas creio que é preciso responder, ao menos para reformular a questão, é uma espécie de obrigação cívica.

Dito isso, devemos ir mais longe e trabalhar para a demolição dos falsos problemas, ao mesmo tempo que para a produção de problemas reais, mas coletivamente, de maneira organizada e, por isso, ao mesmo tempo, eficaz e autorizada. Volto à questão sobre a televisão, que é hoje um dos lugares de produção de problemáticas, um dos lugares de produção da filosofia, um dos lugares de produção de ciência ou de representações da ciência etc. Diante da televisão, seria preciso uma espécie de movimento de resistência cívica (vocês vão pensar que exagero quando penso que ainda fico aquém) contra a *imposição generalizada de problemáticas* que nem sempre são mesmo cívicas, que sendo apenas o produto de hábitos de pensamento, das rotinas, dos almoços fora de casa, das camaradagens, são simplesmente bestas e por isso terrivelmente perigosas.

Tomemos o exemplo de um problema concreto e sério, que se colocam muito seriamente muitos membros do INRA, o da escolha entre produtividade e desenvolvimento durável. Posto nesses termos, o problema pode parecer um pouco simplista, mas, se se elabora um pouquinho a problemática, vê-se que esse é um domínio sobre o qual o INRA deveria e deverá intervir. Será que o INRA não é responsável, de uma certa maneira, pela relação com a natureza? Será que não há nada a colocar *ex officio* ou a contribuir para colocar num certo número de problemas que são deixados aos filósofos de televisão?

Trata-se de problemas que devem ser discutidos de tal maneira que a competência não seja deixada no vestiário – o que supõe a organização de coletivos *ad hoc*, a criação de espaços que, como disse no início, não podem ser os sindicatos, os comitês, as comissões (tenho em mente o exemplo desse sindicato do ensino superior que tinha por princípio a necessidade de deixar de lado os critérios científicos na avaliação dos pesquisadores). É importante instituir espaços de discussão, ao mesmo tempo regulados e livres, onde se possa vir, com seus interesses profissionais, sua competência profissional, suas pulsões profissionais, suas revoltas profissionais, para discutir em termos profissionais – o que não quer dizer corporativistas e menos ainda de mandarins – com outros profissionais, quer se trate de problemas práticos, pessoais, quer de problemas muito mais gerais, e isso sem esperar ser consultado. E é desejável que o trabalho de reflexão coletiva, realizado nesses lugares, desencadeie tomadas de posições públicas, ao mesmo tempo competentes, rigorosas, autorizadas e engajadas, críticas, eficazes (é uma forma moderna e coletiva do modelo de Zola).

Se é isso que vocês começaram a fazer no INRA, especialmente mediante esse grupo *Sciences en Questions*, só posso encorajá-los a prosseguir, e digo que estou disposto a ajudá-los se vocês o desejarem, na medida das minhas possibilidades.

SOBRE O LIVRO

Formato: 12 x 21 cm
Mancha: 20,5 x 39,5 paicas
Tipologia: Gatineau 10,5/14
Papel: Offset 90 g/m² (miolo)
Cartão Supremo 250 g/m² (capa)
1ª edição: 2004

EQUIPE DE REALIZAÇÃO

Coordenação Geral
Sidnei Simonelli

Produção Gráfica
Anderson Nobara

Edição de Texto
Nelson Luís Barbosa (Assistente Editorial)
Nelson Luís Barbosa (Preparação de Original)
Carlos Villarruel e
Fábio Gonçalves (Revisão)

Editoração Eletrônica
Lourdes Guacira da Silva Simonelli (Supervisão)
José Vicente Pimenta (Diagramação)